高净值人士投资指南

HIGH NET WORTH INVESTING

[新加坡]潘添礼（Sam Phoen）_著　韩燕　曾令波_译

中信出版集团 | 北京

图书在版编目（CIP）数据

高净值人士投资指南 /（新加坡）潘添礼著；韩燕，曾令波译 . -- 北京：中信出版社，2020.3

书名原文：High Net Worth Investing: How to Grow your Wealth Through Practical Asset Allocation

ISBN 978-7-5217-1365-7

Ⅰ . ①高… Ⅱ . ①潘… ②韩… ③曾… Ⅲ . ①投资－指南 Ⅳ . ① F830.59-62

中国版本图书馆 CIP 数据核字（2020）第 020731 号

高净值人士投资指南

著　　者：[新加坡] 潘添礼
译　　者：韩　燕　曾令波
出版发行：中信出版集团股份有限公司
（北京市朝阳区惠新东街甲 4 号富盛大厦 2 座　邮编　100029）
承 印 者：北京楠萍印刷有限公司

开　　本：787mm × 1092mm　1/16　　印　　张：11.75　　字　　数：130 千字
版　　次：2020 年 3 月第 1 版　　印　　次：2020 年 3 月第 1 次印刷
京权图字：01-2019-3745　　广告经营许可证：京朝工商广字第 8087 号
书　　号：ISBN 978-7-5217-1365-7
定　　价：59.00 元

服务热线：400-600-8099
投稿邮箱：author@citicpub.com

致所有高净值投资者以及渴望成为他们的你

前言

我一生都在做投资，为服务的公司和我自己。我赚过钱，也亏过钱，从中收获了很多经验——尤其是在亏钱的时候。亏钱令人痛苦，也使人学到很多。总有些经验要自己经历才能领悟，但也有一些并不需要亲自“撞南墙”就可以学到。

所幸这些年我从中获得的快乐多于痛苦。作为一个个人投资者，我投资过股票、债券、现金产品、房地产、外汇、私募股权和对冲基金，还涉足了相关的结构性产品。

得益于丰富的投资经验，我经常受邀为朋友和同事提供投资建议。我乐意分享，并且发现尝试提出建议的过程也帮助我厘清了思路，使之更加清晰。这激发了我想要跟更多人分享我的经验的愿望，于是有了这本书。

这本书算是对我多年投资生涯和经验的一个总结。当然，我不可能在书里涉及的任何一个问题上都堪称专家。感谢我的老朋友杨志坚（Kenneth Yeo）分享他在私募股权投资领域丰富的经验和专业的知识，谢谢我的保险顾问——非常亲善的佘姬芳（Joey Seah）为我审核保险汇总表，谢谢我的侄子罗绍仁（Siu Yen Lo）帮我考虑可能的封面设计案，还要感谢我的前同事、Call Levels① 的联合创始人谢俊毅（Daniel Chia）在价格走势图方面给予我的帮助。我要特别感谢一路上支持我的家人、朋友和同事们，是他们给了我写这本书的动力。

我希望这本书能帮助每一位读者汲取经验，以免重蹈覆辙，问对问题的同时，能够以更加全面的视角来审视潜在的投资机会。这种视角，未必会出现在你的投资顾问所给予的建议当中，通常也不在大部分投资者所考虑的问题之列，但在这个视角下，你得以确切地了解你正在买进什么。

潘添礼（Sam Phoen）

① Call Levels：一个财务管理应用程序。——译者注

目录

第二部分 常见的理财产品

引言

金融产品在不断创新，而一直以来相应的监管也在与时俱进，以更好地保护消费者和投资者的权益。后金融危机时代，投资环境得到了改善，尤其是个人投资者得到了更好的保护。很多保障措施出台以保证信息被充分披露，并确保金融产品的风险收益特征契合投资者的需要。

然而，这只是提供了最低限度的保障而已。因为相对买家而言，卖家往往掌握着更多的信息，所以通常的“一经售出概不负责”的原则，即“买家自负”原则，仍在金融交易中起着举足轻重的作用。这一点放到个人投资中很好理解，个人投资者往往不是金融领域的专业人士，所以对金融产品相关专业知识的知晓也相当有限。

本书不会教授大学金融基础课程所介绍的那些概念，不会使用大部分人算着算着就会迷失其中的复杂数学方程来计算金融产品的公允价值，也不会告诉你买什么或不买什么。

本书尝试通过简明扼要的叙述让个人投资者和高净值人士了解

市场上的一些常见零售投资产品，将看似复杂的零售投资产品分解成易于理解的小单元，以帮助投资者明了他们到底在买什么，从而进一步通盘考虑所买进的产品是否真正符合他们的投资理念。书里还指出了许多卖家通常讳莫如深而买家不易发现的投资陷阱以及注意事项。

用“授人以鱼，不如授之以渔”来做类比，本书当然不会替你抓鱼，你可能时不时地就会去钓鱼，对于钓鱼这件事也已经有所了解。这本书是帮你识别可供钓鱼的河流、湖泊或海洋，以及各个水域都有哪些鱼类分布、哪种鱼可能适合你，并教会你如何聪明地钓鱼以达到你的目标数量。

购买零售投资产品的决策不应该孤立或者临时做出，它必须经过审慎考量，并且作为整个深思熟虑的投资计划的一部分。举个例子，假如你的活期存款账户上有 50 万美元未投资的资金，那么现在你购买一款 5 000 美元的零售投资产品，并一次性获得 50% 的回报，有什么意义呢？通过这种临时的、随机的投资获益，你能够达成更大的投资目标吗？

制订一项合适的投资计划，需要你将所有可用于投资的资产放到一起通盘考虑。计划必须同时契合你的投资目标和你的风险偏好，你要从全局考虑一定时期内的投资方法。这就涉及被理财顾问习惯地称为“资产配置”（asset allocation）的问题。

教科书里针对个人投资者和高净值人士的资产配置规划通常都遵循固定的程式，金融文献大都千篇一律，基于投资者的年龄和收入来规划投资。这种规划的最大问题在于它们只适用于银行账户上有数百万美元资金的投资者，而不适合只有几十万美元甚至更少资金的情形。这些计划没有考虑小金额投资的现实困难，也解释不了两个年龄和收入都一样的人的投资策略为什么差别很大，因为投资需求和风险偏好的差异会导致投资策略的差异。本书希望阐明这些复杂的概念，并介绍实用的投资方法，帮助投资者合理规划和投资，实现投资目标。

为了帮助个人投资者和高净值人士快速了解市场上的不同金融资产，本书将从扼要描述当前市场上个人可接触到的所有资产类别开始。然后，读者就可以更好地理解市场上常见的零售投资产品，包括考虑这些产品是否可为己所用，以及何时可能对自己是利好。最后，我将把所有内容整合到一起，教你制订简单的资产配置计划，为你未来的财务保驾护航。

第一部分

资产类别

第1章　传统资产类别

多数投资者对3类传统资产类别最为熟悉：股权（通常叫股票）、固定收益产品（如债券）以及现金/现金等价物（货币市场工具）。

股票不需要介绍，大部分人应该都交易过，或者至少听说过。与股票相比，固定收益产品的普及性要稍差一些，因为这一类别通常收益低，对高净值人士而言不够有吸引力。关于这两类资产，已经出版了成千上万的书对它们进行了仔细研究。所以，本书不想复制同样的工作，而只会对它们进行扼要介绍，让个人投资者和高净值人士明了它们的主要特征，以便在考虑将这些产品纳入自己的资产组合时能够更好地进行评估。

至于现金，多数人可能只是想到了银行存款。事实上，现金可能比我们通常认为的更复杂一些。因此，我会在这一类别上花点儿篇幅，讨论如何处理我们手里的现金。

股票

股权，通俗的叫法是股票或者股份，代表投资者对上市公司所有权的份额，这个所有权不伴随债务。也就是说，股票是指除去债务价值之后的公司资产价值。

股票持有者对公司资产的权益排在债权人和债券持有者之后。也就是说，假如公司破产，债权人和债券持有者会在股票持有人之前优先获得偿付。就这一点而言，股票有时会被认为是3种传统资产类别中风险最大的一种。当然，风险和收益通常是正相关的，当标的公司赚钱的时候，股票持有者也可望获得高投资回报。事实上，历史经验表明，股票无论与固定收益产品还是现金/现金等价物相比，长期的收益表现都更优。

从证券交易所，你可以认购以下两类股票。

- 普通股。这是到目前为止我们在股市上最常买卖的一种股票。它赋予持有者某些表决权和公司清偿债务之后分享收益的权利。股票收益通常以公司股息的形式分配。
- 优先股。这种股票的持有者没有任何表决权，“优先”体现在股票收益是先于普通股发放的。类似地，当公司破产，优先股持有者也先于普通股持有者获得偿付。就这一点而言，优先股的风险略低于普通股，有时股息率也略低一些。

股票通过证券交易所交易。世界上有很多家证券交易所，其中最常见的有纽约证券交易所（NYSE）、纳斯达克证券交易所（NASDAQ，即全美证券交易商协会自动报价系统）、东京证券交易所（TSE）、伦敦证券交易所（LSE）、上海证券交易所、香港证券交易所，还有许多其他证券交易所。这些交易所有不同的挂牌规则，比如一些只允许具有良好运营记录的公司进入，而其他一些则接受前景良好的新公司挂牌。

每家证券交易所通常都会编制一个或多个股票指数来跟踪所选定的典型上市公司的总体表现。因此，这些指数对于跟踪特定国家或者细分市场的股票业绩很有用，也可以作为评价基金经理业绩的基准。常见的指数包括标准普尔 500 指数（S&P 500，这个指数跟踪纽约证券交易所和纳斯达克证券交易所上市的 500 只大型股的走势）、日经指数（Nikkei 225，它是跟踪东京证券交易所上市的评级最优的 225 家公司的数据）和英国富时指数（FTSE 100，它跟踪英国 100 家最大的上市公司的股票数据）。

股票的估值

股票价格受公司业绩的影响，而业绩主要是指收入及其增长。我们评估一家公司的收入趋势、发展质量以及增长潜力，最好对其资产负债表、利润表和现金流量表进行全面透彻的分析。总体而言，一家收益长期稳定增长的老牌企业总是受青睐，即使只有小幅增长，而相对年轻的企业的销售和收入增长往往会高出许多，虽然净利润未必为正。为了评估这类企业的增长潜力，我们甚至对客户数目增长速度等指标都需要仔细审核，尤其是 IT（信息技术）相关企业。

一种很常见的股票估值方法是现金流量折现法（Discounted Cash Flow，简写为DCF）。这种方法需要估算公司未来的现金流/收益/股息，并根据资金的时间价值（通常使用加权平均资本成本）进行贴现，然后基于贴现后的价值来尝试对公司进行估值。这种方法听起来简单，实际上并非如此。因为这一估值过程涉及大量假定，所以它的使用主要限于专业人士，很少有个人投资者会用到它。

认为现金流量折现法太难的个人投资者，可以使用简单一点儿的估值工具，其中一些估值比率比现金流量折现法更具普遍性，主要包括以下几个。

- 股价收益比率，即市盈率（P/E）。
- 股价账面价值比率，即平均市净率（P/B）。
- 股价自由现金流比率（P/FCF）。

为了客观地判断某只股票的价格是贵还是便宜，投资者不仅需要考虑比率的绝对值，还需要将其与历史数据、同业数据及大盘指数进行比较，同时还必须记住，这些比率只是反映了股价与一些会计数值的比值，这些会计数值涵盖了很多信息，但更多的信息并没有反映出来。与针对公司的战略、目标市场及客户等方面进行的定性评估相比，全面评估一只股票的价值同样重要。

以上所说的针对公司进行的定量和定性分析，可以统称为基本面分析。除此以外，投资者还可以从技术层面对公司进行研究，也就是图表分析。技术分析的基本做法是观察目标股票的价格和成交量的变化。偏好趋势研究的投资者会选择顺势而为地进行交易，而信奉均值回归的交易者则会逆势而为。

我个人倾向于将基本面分析和技术分析结合起来对股票进行估值：通过基本面分析筛选出估值偏低的股票，然后通过技术分析来决定购买这只股票的时机。同样地，我们可以通过基本面分析筛选出已经估值过高的股票，然后使用图表分析来决定何时卖出这只股票以最大化收益。

投资股票

购买一家上市公司的股票或许是表达对这家公司看法的最简单方式。各家证券交易所在交易股数、交易时间、结算周期和交易税等方面有不同的规定。有些交易所，比如美国的股票交易所是允许卖空的，而其他一些发展中国家的证券交易所则对卖空交易是有限制的。

如果研究和购买单只股票不是你擅长的，或者你认为这种操作太过枯燥无趣，或者你只是想接触一下某个行业或市场，你可以考虑购买交易型开放式指数基金（Exchange Traded Fund，简写为ETF）。ETF 是在证券交易所进行交易的投资基金，它跟踪的是一个指数，比如标准普尔 500 指数，或者某个特定行业如制药行业的指数。ETF 不仅上手简单、流动性良好、费率低，交易方式也和多数投资者熟悉的单只股票的交易方式一样，所以很受投资者欢迎。

股票投资的难点不仅在于选股买进，决定何时卖出有时更具挑战。对于一个易受基本面影响的投资者而言，股价超出公允价值足够大的幅度，也就意味着到了卖出的最好时机。究竟多“大”幅度，则取决于投资者的风险偏好，或者根据股票的历史价值来定。而技术分析型的投资者的行为主要受图表形态的驱动，所以决定何时卖出相对容易。我见过个人投资者最常见的错误，是投资界的传奇人物彼得·林奇（Peter Lynch）所描述的“铲除鲜花，留下杂草”的行为，即投资者尽管在已经升值的股票上获取利润，却选择抓住亏钱的股票不放手。长期处于这种模式中的投资者最终只会收获“杂草”或者表现欠佳的股票，这当然不是长期投资的最佳结果。

经验丰富的投资者可以考虑股指期货或者股票期权，这两种工具都允许投资者看多或者看空某只股票。不过，它们都是杠杆产品，一招儿不慎就可能使损失超过本金，所以我们一定要谨慎使用。

固定收益产品

固定收益产品，被非专业人士称为债券，是按照固定时间偿付固定收益的金融工具。债券代表公司的债务，债券收益取决于公司向债券购买者也就是债主支付的数额。

公司通常每半年支付固定的利息或票息，到期金额或者本金会在到期日连同最终票息被一起偿付。一家公司发行债券，意味着它必须承担到期偿付票息和本金的义务。到期未能偿付就是违约，如果公司的现金流不足以偿付欠下的债务，那么公司很有可能被强制破产。

支付债券票息的方式主要有以下几种。

- 固定票息债券。它是最普遍的一种债券，是在整个偿还期按照固定比率支付票息。

- 浮动票息债券。这种债券的票息关联某个基准利率，比如伦敦银行同业拆借利率，以此为基础增加一个差价。
- 通货膨胀率连结债券。这种债券支付的实际利率会随一国消费者物价指数变动而变化。
- 零息债券。这种债券在名义价值基础上大幅打折出售，到期按照票面价值一次性支付本金。偿还期限可能长达 6 个月至 30 年，持有这种债券的投资者不获取任何利息。

大部分债券都需要通过柜台交易，且不在证券交易所挂牌。当然也有例外，比如中国就有小部分债券是在证券交易所交易的。在新加坡，零售债券是在新加坡证券交易所挂牌的。以下列出了美国债券市场中不同发行人和相应的债券名称。

- 政府——政府债券（属本币）、主权债券（属外币）、长期国债（美国政府债券）。
- 省/州/市政当局——市政债券。
- 政府提供担保的机构——机构债券。
- 企业——企业债券。
- 金融机构——金融债券，有时被统称为企业债券。

除了以上这些，还有一些债券的命名表明了债券的不同特征，常见的包括以下几种。

- 可转换债券。这种债券可在某个约定的时间转换成公司股票，通常取决于债券持有者自己的意愿。这种债券本质上是企业债券加优先认股权的结合体。由于可以从股票的价格上涨中获益，可转换债券的票息相对较低。
- 资产支持债券。这是有资产担保的债券，抵押支持债券是其中一种，是指有抵押贷款支持的债券。
- 可赎回债券。这种债券发行人可在某个约定的日期当天或者之后从持有人手中赎回债券。当利率下跌的时候，企业倾向于赎回，从而以更低的成本再融资。
- 垃圾债券。这种债券的评级在“投资级”之下，也就是说它被标准普尔等主要评级机构评为 BB 级或者更低。由于发行者为了补偿投资者所承担的高风险而支付了更高的利息，有时这种债券也被称为“高收益债券”。

固定收益产品的估值

债券首次发行的时候通常是“平价”发行的，正常情况下单位面值为 100 美元。债券的价格是随着利率反向波动的，这意味着当债券价格上涨时，债券收益下降，反之亦然。债券价格是未来现金流折现后的价值，利率上涨的时候，未来现金流以更高的利率折现，结果债券的价格就下降了。

大体上，影响债券价格的因素有以下两个。

- 无风险利率。

- 发行者专属信用价差。

无风险利率通常指同等期限内的国债收益率，这一收益率随着宏观经济状况而波动。当一国经济发展良好，通货膨胀率高涨，无风险利率也倾向于上升。发行者专属信用价差取决于发行者的经营状况。当公司运作良好的时候，信用价差倾向于缩小，这是因为持有债券的风险降低了。反之，如果公司陷入亏损或有负面新闻，市场会预期持有该公司的债券需要更多的收益补偿，由此信用价差会扩大。

计算特定价格下的债券收益最常用的指标是到期收益率，它是持有债券到期所获得的有效年化收益率。大部分债券，无论是由同一家公司发行还是由不同发行者发行，通常会有不同的偿付期和票息，所以很难比较，而比较到期收益率是一个好方法。

与到期收益率略有不同的是赎回收益率，它适用于可赎回债券。对可赎回债券，当利率下降的时候，发行者会尝试赎回（通常按照票面价值），以便以更低的成本再融资，或者以更低的收益率发行新的债券。与赎回收益率比较类似的另一种债券收益率的衡量指标是回售收益率，不同的是这种情形下债券持有者有权在偿还期的某个约定日期当天或者之后将债券“回售”给发行者。在赎回或者回售的情形下，债券的持有可能在偿付日期之前终止，所以投资者在决定购买时需要权衡赎回或者回售的可能性。

有关债券估值，另一个重要概念是债券的久期，最常用的标准是麦考利久期（Macaulay Duration）和修正久期（Modified Duration）。两者衡量的分别是使用加权平均数形式计算的债券平均到期时间和债券价格对收益率变动的敏感度。麦考利久期是按照年限来计算的，可能在 0 和债券期限之间变动。零息债券的麦考利久期与债券期限相等。而修正久期测量的是单位收益率变化时价格变动的百分比。

以上两种存续期的测量方式在数值上是相当接近的。例如，一只两年期按照票面价值交易的债券，它的麦考利久期可能略低于两年，而修正久期仅向下修正了 2% 。也就是说，债券的久期越长，债券价格对收益率的敏感度越高。所以在利率上涨的情况下，投资者投资短期债券可能获利更多，因为短期内债券的收益率上涨不会过多损害价格。在利率下跌的情况下，持有长期债券则可能更有助于从潜在的价格上涨中获利。直观地讲，当市场利率上涨时，你手中的债券价格会下跌，久期更短的债券相对长期债券，比如一只还要 10 多年才到期的债券，更加接近到期时间，所以相对价格，损失会更小。从这个角度而言，在市场利率上涨的时候，投资者倾向于优先持有短期债券，而在利率下跌的时候更青睐长期债券。

投资固定收益产品

不同于股票的是，债券的最小认购额度通常都很大，在美国起售额度通常高达 20 万美元，这使得购买债券并非易事，也将高净值人士以外的大部分个人投资者都挡在了门外。即便有 40 万美元可以投在债券上，投资者可能也不愿意将钱只用于购买两只债券，因为这意味着个人的投资收益会与之高度相关，同时缺乏多元化配置。所以，除非这个人愿意不进行多元化投资，或者还有更多的可投资资金，否则他不会一上来就购买债券。由于大部分债券都是柜台交易，价格并不是那么透明，在流动性不足的情况下，银行和经纪人也可能会从中赚取更大的买卖差价，尤其是买卖企业债券的时候。所以，对个人投资者而言，债券不适合被频繁地买进卖出。

购买并持有是个人投资者投资固定收益产品时采用的最普遍策略，但投资者也有需要考虑卖出手头债券的时候。

- 获利了结。这通常发生于市场利率已经下降，或者交易可转换债券时，标的股票的价格已上涨很多。
- 将资金用于其他方面。这种情况可能是出于经济方面的考虑，比如需要现金应付紧急情况。但卖出债券有时可能是因为投资其他资产的收益远远超过持有债券到期的收益。
- 为时未晚。当你预期市场利率还在酝酿着远超市场消化能力的大幅上涨，债券价格会下降更多；或者你认为债券发行者的信用状况日渐恶化。

市场上也有透明度更高、更具亲和力的其他金融工具供个人投资者选择，比如零售债券，这种债券交易的面值要小很多，通常是1 000美元起，还有交易型开放式指数基金。这两类产品都在证券交易所交易，但仅限于较发达国家而不是所有国家的交易所。

债券基金和债券单位信托基金也是个人投资者常购买的投资产品。与股票类似，经验更丰富的个人投资者还会考虑债券指数期货或期权产品。尽管这些产品与股票相比波动更小，但投资此类杠杆产品仍然需要非常谨慎，因为存在损失可能高于本金的风险。

现金/现金等价物

从个人投资者的角度，除了存在银行里的现金，构成现金/现金等价物的投资产品还包括货币市场基金、短期国债、短期企业商业票据和定期存单。基本上流动性强、短期内可转换成现金的任何产品都可以归到这一类。从企业资产负债表的角度，任何高信用评级、高流动性，投资期在3个月以内且能够以极少损失或者原价值卖出的投资工具都可称作现金等价物。

以下是常见的几种现金/现金等价物工具。

- 货币市场基金。该基金是投资短期债务性证券的基金。
- 短期国债。短期政府债券，偿付期通常为1年或以内。
- 企业商业票据。企业发行的短期债券，偿付期通常不长于270天。
- 定期存单。银行开具的票据，期限通常为1个月至1年。

这些短期有价证券在货币市场上交易活跃。货币市场是一个银行间市场，在这里，金融机构相互间可以进行不长于13个月的短期拆借交易。这些金融产品流动性非常强，买卖差价相对要小很多，并且由于它们通常由政府机构或者资信良好的企业发行，所以收益率也往往非常低，尤其是与股票相比。不过从个人投资的角度，这些产品的收益率通常略高于银行利率，所以还是值得了解的。

除了以上这些相对复杂的投资工具，个人投资者也可以使用短期定期存款来增加投资收益。定期存款不方便即时变现，但我们总可以把存款分成期限不同的几部分，以确保每月都有可支配的现金。例如，一个人有18万美元定期存款，他可以考虑将其分成12份，每份1.5万美元，分别存到12个短期定期存款账户，每个月都有一个账户到期。短期定期存款最糟糕的情形是到期之前需要支取现金而不得不放弃利息收入，但只要这种情况不经常发生，定期存款仍然是值得考虑的选择，因为即便提前支取，本金也是受保护的。

除了定期存款，银行有时也推出保护本金的结构性存款，事实上它是存款与期权的结合。由于大部分结构性存款都有固定的期限，其中短期的一些被视为现金等价物。它们的作用与定期存款类似，不过它们同时具有一种风险，就是一定条件下投资者可能获得更高的利息，也可能完全没有利息收入。我们将在第7章进一步讨论结构性存款。

现金/现金等价物的估值

前面提到的大部分短期现金/现金等价物的期限最长都不超过1年。它们通常以低于票面价值的价格发行，比如，投资者以低于100美元的价格买入，到期获得100美元的票面价值。由于使用期限短，我们对这些产品进行估值也变得简单。与发生一系列现金流的债券不同，这些短期债务工具只在到期时发生一次现金流，所以也没必要使用复杂的估值公式。

最简单的估值方法是比较不同产品的年化收益率，同时需要关注不同的发行机构和不同产品的特性。收益率不同的最重要原因之一就在于发行机构的信贷状况不同。设想一下，企业债券相对于国债提供的额外收益率超过了额外的风险，那么无论超过部分多么小，都值得投资者冒险。不同的产品特性也会导致收益率的不同，比如定期存单的赎回条款。

正常情况下，产品收益率与产品期限是正相关的，期限越长，利率越高。投资者牺牲了流动性，从而获得收益补偿。理所当然，投资期限越长，投资者对收益率的预期也会高出几个基点。

投资现金/现金等价物

把钱存到银行显然是现金投资产品中流动性最强的一种方式。不过，这样增加了自己的机会成本，因为储蓄存款的利息实在太低了。假设 1 万美元就可满足一个人大部分的临时所需，而他银行账户里有 5 万美元，那么他就可以考虑将额外的 4 万美元投资其他现金等价物。

很多现金等价物，比如短期国债，由于最小交易单位金额较高而将个人投资者拒于门外。处理日常花销以外的现金的最简单方法，就是将其投资于货币基金。市场上此类基金很多，大多数情况下你的钱在一两天之内即可获准进入。接下来，这个基金以你的名义将钱投资短期债券，同时收取少量管理费和业绩提成。关于选择货币基金的更多信息，请参阅本书第 8 章单位信托基金的相关内容。

如前所述，投资者将额外的现金分成不同投资期限的定期存款或组合式存款，也是最大化收益的一种方法。这种方法不及货币基金有灵活性，但收益率肯定高于储蓄存款。因此，你可以将储蓄存款纳入你对现金/现金等价物的资产配置当中。

结论

在任何投资文献当中，股票、债券和现金/现金等价物都是最常见的 3 种资产类别。考虑到大部分读者可能对它们都已经有一定程度的了解，本书只尝试介绍相关的最基本概念。在此基础上，投资者得以了解投资这些产品的优劣之处。

除了这 3 种传统资产类别，随着投资人群的经验越来越丰富，投资需求更加多样化，很多其他投资产品也越来越普及，尤其是收益率更高的产品，其中包括房地产、外汇、大宗商品、对冲基金以及私募股权。接下来的章节，我们会讨论这些产品。

第2章　房地产

投资者多样化自己的投资，并寻找可替代的投资产品，而房地产越来越受到投资者的青睐，尤其在亚洲。投资者喜欢房地产是因为它是有形资产，具有良好的对冲通货膨胀的能力，租出去的时候还有合理的收益。而最重要的是，它具备资本升值的良好潜力。房地产主要的不足之处在于它不具有流动性，投资也需要大额资金。所以投资房地产需要具有长期眼光，这里的长期，是指几年甚至更长的时间。

因为我主要从个人投资的角度讨论房地产，所以重点会集中于住宅地产。其他类型的房地产还包括商业地产和工业地产。其实无论是哪种房地产形式，基本的分析方法都差不多，所以你也可以将我们研究住宅地产的方法用于商业地产和工业地产。不过，商业地产和工业地产的投资参与者常常包括非上市和上市的公司专业投资者，个人投资者需要意识到自己在资源和信息方面可能与这些公司存在差距。因此，涉猎这些房地产的个人投资者需要更加审慎和严格评估，以防被这些信息更加灵通的公司投资者所打败。

本章拟从投资买入的角度来探讨与房地产相关的问题，其中涉及的常见议题之一就是出租房地产以获取租金收入。购房自住和投资买入房地产需要考虑的因素会略有不同。如果买房，你只打算自住而不考虑出租，那么表面看起来房子的租金收入是完全不相干的因素，不在考虑之列，可需要注意的是，你将来可能会再次搬家，换新的住处，那么这一处旧房子就需要卖掉或者租出去。下一个买家无论是出于自住还是投资的目的而买房，可以确信的是他一定会仔细考察这处房子，而他所使用的各种评估标准，很可能正是我们本章所涵盖的。如此看来，无论你是买房自住还是用于投资，你可能都需要使用我们这里针对投资性房地产所讨论的一套评估标准。

房地产价格的影响因素

“第一是地点，第二是地点，第三还是地点”这句话经常被引用来说明影响房地产价格最重要的因素。显然地点极其重要，不过只考量地点这一个因素还不足以做出明智的投资决策。除了地点，我们还需要同时考虑其他多个因素。以下是我认为重要的一些因素。

- 地点。
- 物理特征。
- 产权年限。
- 价格。
- 利率。
- 收益率。

- 负担能力。
- 再开发潜力。
- 市场趋势。
- 其他因素。

下面，我们逐一展开讨论。

地点

人们通常认为地点的意义显而易见而无须在这一点上费脑筋。想起地点的时候，我们通常会想到距离最近的地铁站有多远，房子是否位于安全的社区，附近是否有中心商业区或者主要购物区之类的问题。这些都是需要纳入考量的重要因素，不过，只是考虑这些的人可能会因小失大。

我们需要记住，投资房地产是长线投资，购买房子未必是为了自住，这意味着投资不一定局限于自己所在城市甚至所在国家的住宅。自上而下来看，我们首先需要决定所在国家，其次是城市、街区，再次是街道，最后才是房子。

国家风险或者主权风险可能是任何房地产投资最大的一个风险。设想一下，如果我们在一个走下坡路的国家，得到最好地段的最好房地产又有什么意义呢？从投资的角度，没有比在一个经济和政治都没落的国家买房子更糟糕的事情了。历史已经告诉我们，那里的房价不太可能上涨，而币值有可能会下滑。

当我们对一个国家持乐观预期的时候，要是有可能，我们要去首都看看，除非我们特别熟悉该国知名度低一些的边缘城市。首都的房价往往远高于其他地方，但是我们依然有充分的理由到那里去。首都是一个国家大部分经济活动开展的地方，因此会吸引本国甚至国外最好的人才。自然，首都的房地产需求也会高于其他城市，但这种情况反而可能导致人才空心化，以及长期不景气的房地产市场。

选择哪个街区取决于个人喜好。收益最高的街区通常靠近商业中心或者旅游区，其次是拥有好的娱乐设施或者好学校的街区。在决策的关键时刻，投资者需要考虑与地点有关的常规微观因素，即交通是否便利、距离公共交通的距离、周边社区环境的安全性、未来发展规划，等等。其中很多是常识，不过我们一定要记住的是：要考虑他人可能需要什么，而不仅是自己的喜好，这样可以确保顺利。因为你不是为了自住而购买房地产，所以他人需要什么比个人喜好要重要得多。

物理特征

房地产的物理特征很重要。无论是公寓楼里的一套房子，还是大门内的一个小区，公用设施以及设施维护保养的状况都会大大影响大家的第一印象，因为人们在看到住房之前会先看到这些公共区域的状况。如果是独栋的房子，同等的要素就包括外墙的状况、车库的门廊和周边环境，而周边环境又包括花园和泳池等。

房屋的内部特征也很重要，包括房子的大小、布局、几个卧室和洗手间，以及供暖/空调状况，等等。有些特征可以做调整，有的则不能变动。对于公寓房而言，同一栋建筑里不同楼层的同样位置的房子，通常是固定的相似内部格局。不过人们也可以根据自己的喜好做一些改变，这样做有利有弊。比如你喜欢大卧室，就可以把两间拼成一间。但是在某些地方，你这样做可能会减少租金收入，因为在很多发达城市，人们更在意卧室的数目而不是大小。在气候寒冷的城市，房子里的中央供暖或者地暖系统是必需的；而在热带地区，房子里有空调也非常重要。当然，人们也可以等到买下房子以后再安装，但那样势必需要再花掉一大笔钱。所以，当人们考虑购买一套公寓或者一栋房子的时候，这些因素必然在考虑之列。

其他注意点包括大门、起居室和卧室的朝向，以及房间号。你需要根据你的目标租客的情况来考虑。比如，西方人不像东方人那样介意下午的阳光照进起居室（房子西向），中国人喜欢南北朝向的房子，一些文化里某些数字是禁忌。比如，中国南方人比较忌讳数字4，因为4在中文里与“死”谐音；而西方人不喜欢数字13，因为他们认为13不吉利。所以我们在买房子的时候，要尽量避开这些数字。

最后，你如果要对房子进行内部翻新，也需要考虑会把房子租给谁。精心的装修是不合算的，因为每个人的品味不同，并且如果你想更换昂贵的家具和设备，还会花费更多。使用中性的色调、可移除而非嵌入式的家具，会方便你根据租客的喜好对房子进行内部调整。

产权年限

所购房子的产权年限决定了你能够保有该房地产的年限。产权年限在不同国家和一国的不同地方是不同的。比如在中国，民用住宅建筑权年限为70年，在英国和新加坡，产权年限则分为99年、

999 年和永久产权（又称自由保有或无限制单纯地产权）3 种。

在其他条件相同的情况下，产权年限越长，价格越高。对一些人来说，剩余 50 年的产权年限就足够了，因为他们预期自己的寿命不会长过房子产权到期的时间。而对于一些想要把房地产传承给家属的人，长的产权年限就可能特别重要。

那么购买房地产的时候，你该选择哪一种产权年限呢？这个问题没有简单的答案，而取决于多方面的因素，比如你的偏好、预算、房子的使用规划、你的理想收益率，等等。需要补充一点，如果两处房地产在产权年限以外的其他方面都具有相同的条件，那么你应该选择年限更长的那一处，这样你能从更长的保有年限里获得更多的现金流。

除了影响房地产价值，产权年限也可能影响金融机构对该房地产的贷款意愿。假设房子只剩下 30 年的产权年限，那么购买者很可能找不到愿意发放抵押贷款的银行，因为在银行看来，产权年限很短的房地产是贬值的资产。

价格

我没有将房地产的价格列为投资决策的第一因素。任何产品都有价格，但是在你知道自己真正需要什么之前，价格是次要的。想象一下本着价格第一做决策的情形，只在你的价格预算之内寻找目标房地产，或者购买一套所谓被“低估”的公寓，那么你买到的房子可能根本不符合自己的需要。

正确的方法是首先满足你对地点、物理特征以及产权年限的要求，然后在自己理想的价格范围之内找房地产，并且这个房地产要能满足所有或者大部分你认为重要的条件。这样你才不大可能买到一处虽然价格便宜，但既不位于你的理想地点，又不满足你其他重要条件的房子。

那么什么是合适的价格呢？数字化时代的很多信息都是透明的，只是需要花力气搜寻。大部分发达经济体的某个辖区的一般物价水平在网上都可以找得到，投资者可以利用这一信息作为评估正在考察的某处房产的价格是贵还是便宜的基准。

比较同一开发商名下的不同小区，可以考察每平方米的价格。单位价格适用于物理属性或者布局相近的房地产的比较。比如，位于顶楼包括100平方米室内面积和50平方米平台的总面积150平方米的房子，与同一区域室内面积150平方米的房子相比，每平方米单价自然会低得多。

当某个地区的房地产市场行情看涨，房地产的价格通常会高于最近的成交价，但相反的情形不一定发生在房地产市场下跌的时候。所以当市场趋势确实下行的时候，能否杀价就靠自己了。

你在购买之前向一家或多家银行核实标的房地产的估价（确保自己不会多付）以及你可以借款的数额是非常重要的。由于银行的贷款价值比（loan to value）通常为七到八成（针对商业地产的比率有时会更低），所以你还要备好足够的现金以支付约占房子总价20%～30%的首付。

购买房地产或许是个人所做的一个最为重大的财务决定，所以必须有十足的把握且非常冷静，确信自己的出价是经过审慎调研，并且是合理的。除非自己十分肯定，否则不要轻易购买。如果所做的调研已经足够充分，你的报价被卖方所接受，你通常会感觉十分欣慰，而不再战战兢兢。

利率

购买房地产的时候，几乎所有人都会从银行申请抵押贷款，即使手头有足够支付全款的现金，也没必要全款购房。因为我们手头的现金流动性是极其重要的，所以我们要做的是尽量让资本保持充分的流动性，并为此承担一点儿成本。

在长达 15 年或更长时间的住房抵押贷款期，我们都与银行贷款的利率密不可分，所以利率涨跌对我们非常重要。或许我们已经习惯了低利率，甚至自信地认为利率永远不可能上涨。事实上，整个住房抵押贷款期内利率上涨是不可避免的，且月供也会随之迅速增加。所以为了确保自己能够持续支付每月的月供，我们在购买房产时不要让自己承受过大的经济压力。

银行提供的抵押贷款有很多种。你至少要比较一下不同的利率和贷款条件，从中选择最符合自己需要的那一种。假如 3 年内你可能卖掉房子，就不要选择有 3 年锁定期的贷款，否则当你卖掉房子需要赎回抵押贷款的时候会很麻烦。还有的抵押贷款是锁定或者关联某个基准利率，比如伦敦银行同业拆借利率或者定期存款利率。如果你对利率市场不熟悉，至少需要了解基准利率的历史水平和透明度。透明度越高，银行随意更改基准利率的可能性就越小。

收益率

投资性房地产的收益率等于房地产的年租金收入除以房地产价格。而净收益率是减去维护成本、税收和其他与房产相关的费用以后的净租金收入除以房地产价格。净收益率可与抵押贷款利率直接进行比较。

你投资的最小目标起码要使房地产的每月净租金收入能够偿还抵押贷款的利息。每月的抵押贷款通常包括部分本金和利息，一些国家提供的纯利息抵押贷款除外。想要净租金收入覆盖掉所有贷款本金加利息，通常是很难做到的，如果确实可以并且房地产市场处于平稳或上涨态势中，那么毫无疑问，投资房地产绝对是明智之举。反过来，假如净租金收入偿还每月利息都不够，那么你处在补贴租客的“负盈利”状态中。除非房地产市场大行情是上涨的，否则你没有任何理由这样做。

所以我们如何找到收益率更高的房地产呢？一些新的房地产通常可以收取更多租金，但往往成本也更高。虽然总体上越新的房地产，收益率越高，但房地产新旧对收益率的影响其实是不确定的。两处条件接近的房地产，产权期限更长的通常更贵一些，但是产权期限对于租客毫无意义，他们并不会因为这所房子产权期限还有999年而另一所只有99年而给这所房子多付租金，因此产权期限更长的新房子的收益率反而被挤压得更低。

负担能力

大众对房地产的负担能力决定了房价最终能够涨到什么水平。如果房价高到只有富有的外国人才能买得起的程度，那它就会成为政治上的“烫手山芋”，难以为继。由于近年来全球性的低利率环境，全球诸多大城市的房价都已经上涨了。

人们或许会横向比较不同国家总体的房价水平，但它并不是衡量房地产负担能力的最佳指标，因为不同国家处于不同发展阶段且收入水平不同，直接比较房价（来判断住房负担能力）是相当武断的，我们可以使用以下更好的比率指标。

- 房价收入比。比值越高，负担能力越低。
- 房价租金比。比值越高，房价越高，租金越低。
- 贷款收入比。比值越高，负担能力越低。

通过比较这些比率指标，人们可以客观地判断，与过去相比或者与其他国家相比，一国的总体房价水平是否太高。当然，一般住房负担能力指数只是反映房价是否可能进一步上涨的一个数据。无论这一数据多么低，如果你买不起房地产，那对你都是没有任何意义的。

收入或房地产的潜在租金收入能够保证偿还每个月的抵押贷款，对任何人都是非常重要的。对于投资性房产，很重要的一点是保证租金收入的最低限度是能够覆盖贷款利息，剩下的月供最好只占投资者工资的一小部分或者能用剩下的租金收入偿还。为了安全起见，投资者还必须保有足够的资金储备，以保证即使房子空置几个月，依然能够继续还贷。

再开发潜力

新房子租出去通常很容易，即使租金很高。而旧房子通常只能收取较低的租金，因为房客总是更容易被闪闪发光的新房子所吸引。

在这一点上，旧一些的房子对那些对价格敏感而对现代设施需求不那么强烈的客户有吸引力。

既然租金和收益率都低，那么从投资的角度，旧房子对投资者的吸引力在哪里呢？除了比同样地段的新房子价格更便宜，一些旧房子有可能被再开发。再开发包括拆除现有的旧房子新建，新建的时候通常容积率更高。出于某种原因，一块区域被划出来或指定要进行重建或者改造，再开发就成为可能。再开发的过程通常会提高原地块的容积率。容积率是指土地上的建筑密度，容积率的增加说明城市规划部门允许的总建筑面积增加了，这样，同样地块上可以建造更多的房屋并售卖。

当某地块有被再次开发的潜在机会，该地块上的旧房子有望被拆除再建，价值也自然会增加。这是以更高的价格卖掉该房地产以套现的好时机，也是和地块上的其他业主一起将房子打包卖给开发商的时机。当这样做的时候，售价上涨的部分必须高于历年来低价出租房子的全部租金损失所需的金额。

需要提醒的是，房产老旧并不必然意味着具备再建和价格上涨的优势，关键在于政府做出升级某个区域的决策，并相应提高该区域的容积率，两者通常是相伴发生的。

市场趋势

除非一直盯紧房地产市场，否则投资者是很难判断房地产市场行情的，有时直到新闻报道后才知道市场是在上升还是在下降。而当市场行情众所周知的时候，大部分人都持以下两种态度中的一种。

- 当房地产市场趋于下行的时候，每个人都认为它会走得更低，所以持观望态度。
- 当房价趋于上涨的时候，每个人都希望能以最近的成交价或者更低的价格购买，但这种情形几乎从来不会发生。

所以，何时是最佳的买入时机呢？如同股票及其他投资产品，房地产也最好是在价格显著上涨之前进行购买，但大多数投资者都不够敏锐，来不及在价格回升之前就发现苗头并迅速购买。房地产不具有流动性，并且每套房子都不一样，所以当机会出现的时候当机立断其实是很难的。因此，对投资者很重要的是，密切关注房地产市场，感受市场情绪，确认自己感兴趣的区域并跟踪该区域附近的交易价格。

房地产投资是很大的投资，投资者需要经过长期的考察才会打算购买一处房子，所以不要着急。只有当你看过足够多的房子，你才能够确切地知道自己喜欢什么和不喜欢什么，也只有这样，当真正适合的房子出现的时候，你才能够慧眼识珠。

市场趋势为什么重要？除了显而易见的低买高卖，在你需要出售房子的时候，趋势也是至关重要的。当市场趋势下行的时候，你可能会想要先卖出手头的房子再考虑购买新的；而在上行的趋势下，假如你不用出售房子也有足够的资金，你可能会在售卖之前考虑购买。即便你在买房之前手头并没有房子可卖，了解市场趋势对于购房时的价格决策也颇有助益。大体上有以下几种可能的情形，针对每种情形，我们都提供了相应的策略。

当市场趋势下行的时候，你要关注市场动向，密切注意成交价格。成交量上升而成交价不再远低于前期交易价，是市场见底的初步迹象。如果你已经找到理想的目标房子，此时你可以尝试以低于最后成交价的价格出价。这样做的目的，一方面可以为未来房价继续下跌预留一定的空间，另一方面，假如你对市场已经或者接近见底的判断是正确的，那么你就有了讨价还价的余地，而这在市场趋势已经上扬的时候通常是不可能的。

市场横盘或者处于整理阶段，通常发生于市场出现转折的时候，但也可能延续很多年。如果横盘出现在大幅的价格上涨之后，那么投资者需要非常谨慎，因为接下来很可能出现下行的趋势，尽管也存在蓄势继续上行的可能。要是横盘出现在长期的价格下跌之后，投资者就该仔细评估价格接下来是会出现反弹还是进一步下跌。如果结论是市场有较大的可能性会回升，那或许是看房的好时机，可以积极寻找理想的房子。横盘整理的市场允许投资者以相对稳定的价格购买房产，这在上涨行情中是不可能的。

市场趋势属于上行的阶段，如果你认为现在才是大幅上涨行情的开始，那么此时买进房子或许是明智之举。但你也要知道，随着趋势逐渐明晰，你一定不是唯一这么打算的人。所以几乎可以肯定，每一次你都需要比上一个买家支付更多。这种情形下，当机立断很不容易，因为我们都不喜欢买“高”。可是如果你已经审慎考察和评估，也找到了理想的房子，那么就该有足够信心以稍高一点儿的价钱买进。做到这一点非常难，但是假如你对自己过去数月甚至数年的研究和投入有信心，那就自信并坚持下去，要知道这就是你要一直投身于这个市场的原因。比别人买得贵，感觉肯定不好，但事后证明自己的判断没错却没有出手，感觉会更糟。

如今房地产交易及其他相关的信息都更易获得，尽早判断趋势不再像过去那么难。尽管早于市场趋势逆转做出判断很不容易，但识别已经出现的有上行苗头的趋势则没那么难。了解市场趋势，或者对市场走势持有自己的观点，会帮助你更加自信地做出决策。

其他因素

一些不可避免的因素并非适用于所有人，但在个别情况下需要考虑，这些因素包括以下几个。

- 税收：不同国家的税制不同，大部分国家对租金收入都是征税的，印花税也是各国都有的固定税种。有些国家对非居民征税，更多是限制外国人在本国过度投资房地产，有些国家对资本性收入征税，或者对购房一定年限内就售出的居民征税。你要非常谨慎地对待税收，因为它可能严重削弱你在地产投资收益中的上升潜力。
- 佣金：大部分国家的佣金费率都介于1%至3%之间。多数情况下，佣金是由卖方支付的，或者由卖方和买方共同负担。在一些国家，比如中国，佣金则通常全部由买方支付。通过房地产门户网站在线进行广告宣传越来越普遍，这种方式收取的佣金通常也更便宜，所以这可能是值得探索的方式，尤其是你必须要支付佣金的时候。
- 法律费用：除了印花税和佣金，法律费用在任何房地产交易中都是不可避免的。根据交易的复杂程度，法律费用可能从几千美元到交易金额的1%。一些辖区的抵押贷款银行可代为推荐产权交易律师，假如你这样办理抵押贷款，银行甚至可以补贴部分律师费。

- 邻居：警惕坏邻居和不良的社区环境。有时人们的注意力过分聚焦在目标房产上而对社区视而不见，其实拜访邻居是非常必要的。与他们交谈以增进对社区的了解，了解你感兴趣的房子的历史，并感受一下这些人是否可能是那种“地狱恶邻”。多数情况下，我们都可以和邻居和谐共处，但在买入房子之前了解一下未来的邻居是谁终归是值得的。要是没有其他事，有时你可以只跟他们聊聊你将要买的这所房子，或许会有有趣的发现，甚至会影响到你的决策。

购买国外房地产

如果你已经决定要到国外购买投资性房地产，那么还有其他一些需要注意的方面。除了之前讨论的关于地点、税收和佣金的因素，还有一个常被忽视的关键因素，那就是外汇（汇率风险）。这一点可能是购买国外房地产需要考虑的最重要的因素之一，因为你从房价上涨中赚到的钱可能被汇率贬值完全抵销。

在任何跨国投资中，你很难完全规避汇率风险，但你可以试着对冲或者最小化风险。购买外国房地产的时候，你需要同时考虑你愿意投资的金额，以及使用哪种货币。假设你用本币兑换成外币支付房产30%的首付，还剩下七成抵押贷款，那么你有一个重大的决定要做——使用本币还是外币贷款。

用外币贷款

用外币贷款是被普遍采用的策略。在这种策略下，你不需要将剩余的 70% 的贷款全部锁定于当前的汇率，你可以按照每月的浮动汇率购买外汇偿付贷款。假设你还有外币的租金收入，那么租金多数情况下都可以抵销部分贷款，从而减少每月需要购买的外汇。

- 利：汇率下跌的时候会获利，因为能以更便宜的价格购买外汇还贷。
- 弊：汇率上涨的时候需要花费更多。

现在如果你有需要卖出的房地产，以外币计量的销售收入先用于付清存量贷款，贷款同样以外币计量，所以不存在货币不匹配的问题。剩下的钱，相当于你 30% 的首付款加上这些年你所偿付的金额和外币的资本性收入。然后你将外币兑换成本币，如果汇率上升，你会赚取更多，反之亦然。

用本币贷款

本国银行有时会为国外购房者提供抵押贷款。它们的做法是按照贷款启用时的汇率锁定整笔抵押贷款，此后你只需用本币还款就行了。

- 利：你省去了每月购买外汇还款的麻烦，也不受汇率波动的影响。

- 弊：你获得了外币的租金收入，但你可能没机会使用，除非定期将其换回本币，但这样你可能会受汇率变动的影响。

假如现在你要卖房子，你需要使用本币付清贷款。假设销售收入是以外币计量，那么你需要将整笔钱一次性兑换成本币以清偿贷款余额，余下的才是你自己的收入。如果汇率上升，你在兑换所有收入为本币的时候会从外币升值中获利。如果汇率下跌，则有可能侵蚀掉你之前30%的首付款，使你亏钱。

两种贷款的算法很清晰，你可以有以下几种选择。

- 你如果看涨长期汇率，使用本币贷款是比较有利的选择。
- 你如果看空长期汇率，可以使用外币贷款，并对冲已付的30%房款的风险。
- 你如果认为汇率的未来走势不明朗，那么可以使用外币贷款，对30%的首付款进行对冲操作，也可以不对冲。

为了查阅方便，我们用表2.1进行小结。

表2.1　两种贷款的不同选择

	本币贷款	外币贷款	对冲外汇风险
看涨长期汇率	√		没必要，你如果对自己的判断有充分信心，或者当你的判断发生改变时再对冲操作
汇率预期不明确		√	可选择，对部分已支付金额进行对冲
看空长期汇率		√	是，已支付金额需要对冲汇率下跌风险

当你认为汇率未来走势不明朗的时候，如果你对已经支付的首付款和分期款部分不采取对冲措施，那么就意味着无论卖房时汇率如何，你都听天由命了。

我们看一个例子。

第一天，你在澳大利亚用100万澳元买入一所房子。你的本国货币是新加坡元。澳元/新加坡元的汇率是1.30。你用澳元贷款七成，并将39万新加坡元兑换成30万澳元付了三成首付。

接下来的5年，假设你的租金收入刚好可以抵偿贷款利息，5年来你的每月月供一共付了10万澳元，这样你就付清了房子总价的10%。再假设你处在澳元下跌的情况下，你月供的平均汇率为1.15，那么你额外（除了首付）一共支付了11.5万新加坡元。

第6年的第一天，你以到手价120万澳元的价格卖出了这所房子。澳元/新加坡元的比价现在降到1.0。你付清了余下的60万澳元的贷款，手里还剩60万澳元，而之前总共支出50.5万新加坡元。所以你一共获得总收益9.5万新加坡元，收益率约为19%。

为了比较，我们假设澳元/新加坡元的比值没有下跌至1.0而是回到了1.3，那么你以新加坡元计算的收益是60万澳元×1.3－50.5万新加坡元=27.5万新加坡元，约为54%的收益率。

以上是对首付资金不对冲的例子。你可以看到收益减少了18万新加坡元，但原因并非汇率的反向波动。假设你之前进行了对冲澳元下跌的操作，比如持有澳元的短期头寸或者外汇期权等其他衍生品，或许你就能够避免相当一部分的损失。当然，假如你进行了这项操作，但是澳元/新加坡元的比价不降反升，那么你也无法从澳元上涨中获得好处。

现在假设你看跌澳元/新加坡元的比价，所以你使用新加坡元进行贷款，但你这么做可能还是错了，我们现在来看一下结果。

在澳元/新加坡元比值为 1.30 的时候，你锁定这个汇率，将 70 万澳元的贷款兑换成 91 万新加坡元。为了简化，假设未来 5 年你总共支付了房子原价（130 万新加坡元）的 10%。

现在假设你以 120 万澳元的总价卖出房子，汇率为 1.00 的时候，你获得 120 万新加坡元。付了剩下的 78 万新加坡元贷款以后，你手头还剩下 42 万新加坡元，与之前已经付掉的 52 万新加坡元（39 万新加坡元 +13 万新加坡元）相比，你整整亏损了 10 万新加坡元!

这个例子表明汇率在我们投资国外房地产的时候有多么重要。当汇率变动对我们不利的时候，资本收入可能会被完全抵消，我们甚至会亏损，恰当地选择贷款货币可以减少部分风险。所以你如果不想赌汇率的涨跌，那么选择合适的贷款货币并考虑对冲策略是非常重要的。

何时卖出

我们已经全面分析了影响实际房价的各种因素，讨论的重点是买房。其实对于大部分投资，买进或许还是相对容易的。何时卖出，尤其是对涉及大笔交易成本的房子而言很简单，即当价格涨到最高点的时候卖出。这么说就好比建议一个人在价格触底的时候买进一样。问题在于，我们如何能够确切地知道趋势的拐点出现在哪里呢？如同买进以前需要关注市场行情，买进以后也同样需要密切关注市场的走势。我认为以下一些契机出现，就可以考虑卖出。

- 你已持有该房地产多年，价格一直在涨，如今房价已经涨到年轻人有点儿支付不起的程度。
- 房地产所在国家经济开始结构性下滑，且短期内看不到回暖的希望。
- 对你手头持有的房地产，如果有开发商提出以高于市场价的价格购买以再建。
- 利率开始显著上升，但不是缘于一国经济形势向好，而是其他的原因，比如与全球利率上涨有关。
- 今后几年房地产供给会远远大于需求。
- 租金收益大幅下降到连贷款利息都不能抵偿的程度，或者你努力数月，也没把房子租出去。

就像在谷底买入几乎不可能，你想在顶点卖出也是极难办到的。你如果密切关注前面提到的这些契机，其中的情形发生的时候，就到了将手头的房地产变现的时候。要出售房子这样非流动性资产颇不容易，有时需要花费数月甚至 1 年以上的时间才能卖掉。所以，你非要等到一个绝对高点才肯将房子放出去售卖，可能已经太迟了，尤其是遇到市场到达高峰以后就急转直下的行情。

结论

房地产投资或许是个人所做的唯一最大笔的投资了，扳动购买的“扳机”有时会让人感觉提心吊胆。本章讨论了在做购买决策时，投资者需要考虑的因素，其中非常重要的一些因素，包括地点、房子的物理特征以及价格。购买之前做足调研和考察工作很重要，因为房地产非流动性的特性以及很高的交易价格决定了一旦决策错误就很难挽回。

就投资房地产而言，投资者也可以考虑国外房地产，但需要考虑更多因素，尤其是汇率的影响。选取正确的贷款货币和对冲策略将有助于降低汇率风险可能导致的收益损失。

第3章 外汇

外汇是指一国货币兑换成另一国货币时的他国货币。货币兑换时的比率简称汇率。我们可以把汇率理解为以一国货币表示另一国货币的价格。外汇是全球体量最大的交易工具，并且还在爆炸性地增长。据国际清算银行（BIS）三年一度的央行外汇市场趋势调查，2013 年 4 月国际外汇市场的日平均交易量为 5. 3 万亿美元，而 2010 年 4 月的这一数据为 4. 0 万亿美元，2007 年 4 月为 3. 3 万亿美元。这是什么概念呢？外汇市场一天的成交量比全球第四大经济体日本全年的 GDP（国内生产总值）还要多。

外汇交易越来越集中于全球最大的几个金融中心。2013 年 4 月，英国、美国、新加坡和日本的销售平台集中了全球外汇交易量的 71%，而 2010 年 4 月的这一比重为 66%。拥有如此大的成交量，外汇在市场中牢牢占据着一席之地且绝对不容忽视。外汇直接或间接地影响了我们日常活动的方方面面，尤其是日益全球化的投资活动。所以无论我们是否了解外汇、买卖外汇，它如何影响我们的投资组合对我们都是非常重要的。

对汇率进行全面解析起码需要一整本书，而不仅是一章，所以我们不会尝试深入介绍所有相关的东西，但是会涵盖相关要点，使个人投资者获得足够的信息，理解外汇的概念并考量自己是否要投资外汇产品。

外汇的基本要素

外汇作为一种投资工具并不难理解，但有时候普通大众弄不懂它的命名规则，比如“美元/日元即期汇率为 120”到底是指美元的价格还是日元的价格，以及它到底是以什么计价的，所以我们来了解一下外汇相关的基本术语。

- 外汇即期交易（FX Spot）：指交割周期为两个工作日的外汇交易，任何大于两个工作日的外汇交易都叫外汇远期交易（FX Forward），这会在衍生品部分讨论。在交易术语中，如果投资者买进货币对（FX Pair），就可以说他们在该货币对上是多头（long），如果投资者卖出货币对则说明他们是空头（short）。
- 基础货币和条款货币：货币对中的第一个货币是基础货币，货币对中的第二个货币则被称为条款货币。汇率是以每单位基础货币的币值来报价的。欧元相对全球其他货币都居于基础货币的地位，所有含欧元的货币对都是以 1 欧元为单位进行报价的。主要货币的层级关系如下：欧元、英镑、澳元、新西兰元、美元、加拿大元、瑞士法郎、日元。比如，按照惯例，澳元兑日元的汇率会以澳元/日元来报价，也就是 1 澳元值多少日元。类似地，欧元/美元的比价为 1.10 的意思是 1 欧元价值 1.10 美元。

- 买入价（bid）和卖出价（offer）：对于其他大部分投资工具，比如股票，投资者买进卖出的时候都毫无疑问地知道交易的价格。但是外汇可能让人感到疑惑，因为涉及两种货币，很多人都不知道其中的含义。简单的方法是买家支付高价，而卖家收获低价。比如美元/日元报价为 120.45 ~ 120.50，购买美元的买家要按照 1 美元 120.50 日元，也就是较高的价格买进，而卖家获得收入 120.45 日元。

什么导致了外汇波动

外汇市场上每天都有很多不同种类的参与者，有企业、银行、旅行者、政府机构、交易者、投资者、投机者，等等。但是就像开始我们所说的那样，外汇市场是一个主要由专业操盘手推动的巨大市场，实际相关的交易只占日成交金额的极少部分。

专业的外汇交易者分为两大阵营。

基本面驱动型

股票的基本面很好理解，毕竟企业的销售收入、收益率、增长潜力这些数据都好量化。那么什么是一国货币的基本面呢？它几乎涵盖了影响一国的所有因素，这些与国家发展相关的因素都会影响货币的需求，甚至供给。

外汇交易者最为关注的基本面因素包括以下几个。

- 经济政策和条件：比如就业、国民生产总值、通胀、贸易、现金账户等。
- 央行政策和干预措施：比如价格管制、竞争性货币贬值、利率和外汇托管政策等。
- 政治环境：比如政府政策、央行政策、与邻国的外交关系，以及政治稳定性等。
- 企业及其他相关活动：比如并购、撤资、债务和股票发行、股票和债券市场表现等。

大体上，对国家有利的因素对货币也有利。比如一个 GDP 强劲增长的国家，利率通常也处于高位且快速增长之中。此时受基本面驱动的交易者会进行套利交易——买进高利率的货币，卖出低利率的货币。反之，对正在经历政治动荡的国家，投资者通常会抛售该国货币转而买进政治环境相对稳定的国家的货币。

除了国家的基本面因素，汇率还常常受到相关货币的供给和需求变动的影响。比如一个大型的并购案，是 A 国的一家公司购买 B 国的另一家公司，那么短期内这次并购对 B 国货币有正面影响而对 A 国货币有负面影响。所以，汇率是一国货币对另一国货币的相对价值，所以投资者只单独了解一国货币的基本面是不够的，汇率变动是两种货币相对强弱变化的结果。

这些基本面因素通常并不会出现大的变化，所以交易者更关注的是基本面的边际变化，或者是基本面的预期变化，并非所有的基本面因素在任何时候都很重要。比如一个长期低利率的国家通胀因素可能不是重点，而是其他因素。所以投资者密切关注基本面很重要，更重要的是明了关注的重点，最好能先于其他投资者发现重点。

技术分析型

技术主要指图表模式。为了预测货币的价格走势，图表的内容可能不仅包括价格，还包括影响国家或者货币的关键因素，甚至包括并不十分相关的一些因素。技术分析型交易者又可以分为多种：短期和长期的，跟随趋势和均值回归的，以及两种结合的。他们中的一些是基于模拟人类行为进行交易决策的，被统称为行为金融。时下越来越流行的高频交易者，他们基于技术分析或行为分析，在毫秒之间买进和卖出。

技术分析型交易者通常认为，包括基本面信息的所有信息都通过市场反映在价格里，所以基本面分析毫无意义，研究市场参与者在特定价格或者趋势下可能会如何反应才是价值所在。

外汇衍生品

衍生品是这样一种产品，它的价值是从一种或多种基础资产上衍生出来的。对于外汇而言，以下几种都是外汇衍生品。

远期外汇交易

远期外汇交易是在当期合约中约定未来某个日期按照特定比价兑换某两种货币。远期外汇交易几乎是现今最为普通的外汇交易，很多人像做现汇交易一样交易远期外汇。两者的主要区别在于远期合约不用像即期合约那样频繁滚动交易，因为远期合约规定的第一个交割日是未来某个日期。

理解远期外汇交易最重要的是明了远期价格其实是一种“无套利价格”，它主要反映的是两种货币的利差。在市场有效的情况下，远期点数，或者远期价格与即期价格之间的差异，其实是通过远期条款反映出的利差。这意味着高息货币被预期在未来会贬值，反之亦然，也就是低息货币在远期合约中会升值。这么做的理由是持有低息货币的一方需要获得补偿，也就是更高的远期价格，反之亦然。假如远期外汇市场不按照这种方式定价，理论上就会有套利者出现，他们会通过借入低息货币来融资，再买进高息货币投入可获得利息收益的货币工具，并同时通过远期外汇交易卖出高息货币，这么做可以获得和锁定几乎无风险的收益。这样的套利行为会使得利率或者远期点数发生调整直到平价水平。

假如对资本自由流动进行管制，在市场投机盛行或者极其混乱的时期，以上这种机制就会被打破。比如2015年以前，美元/人民币的远期合约都是人民币走强，尽管人民币的收益率高于美元。当时正是看多人民币的投机活动猖獗的时期，市场上的美元/人民币的远期合约（以及掉期合约）的交易完全背离了远期点数。

无本金交割远期外汇交易

无本金交割远期外汇交易（Non-Deliverable Forwards，简写为NDF）与远期外汇交易类似，只不过在交割日不涉及实际的货币兑换，而是就合同远期汇率与即期汇率的差距通过基础货币（通常是美元）进行净额支付。在签订NDF合约的时候，双方就约定了一套结算方法，确定了到期或交割日的参考结算汇率。NDF主要用于有外汇管制的发展中国家的货币，比如中国的人民币。为了绕过管制，交易者发明了NDF来交易管制货币。这种交易由于只在境外进行，得以避开境内的监管。

表3.1对远期外汇交易和无本金交割远期外汇交易进行了比较。

表3.1　远期外汇交易与无本金交割远期外汇交易的比较

远期外汇交易	无本金交割远期外汇交易
结算日在允许货币自由兑换的本国交易	结算日在不允许货币自由兑换的另一国离岸交易
盈亏非现金结算	交割日当天按照逐日盯市制度计算盈亏，盈亏金额通过现金结算，结算使用预先约定的基础货币
不存在基差风险，交割日完成结算即可	存在基差风险，源于基准汇率和最后结算的即期汇率之间存在的差距

外汇掉期交易

外汇掉期交易（FX Swap）是外汇即期交易与远期交易的结合，本质上是合同双方按照约定先兑换一组资金，然后在交割日再反向换回来。国际清算银行2013年的调查报告显示，当年4月交易最活跃的外汇金融工具是掉期交易，日均交易额达2.2万亿美元，高于即期交易的2.0万亿美元。外汇掉期交易可用作短期融资工具，因为本质上这种业务就是借入一种货币，并同时承诺一定期限后归还。尤其是在企业或银行处于货币错配时，即持有的一种货币太多而另一种货币不足时，这种方法很有用。掉期交易也可用于将远期合约调整至更久的日期交割。掉期点，也就是进行掉期交易的成本，多数情况下是远期点所体现出来的两种货币的利差。

外汇期权

外汇期权（FX Option）持有人拥有在未来约定日期或一定时间内，按照约定汇率买进或者卖出一定数量外汇资产的选择权。持有者由于获得了行使这一选择权的权利，所以自然需要为此权利付费。外汇期权是一种杠杆化的金融衍生工具，但不会使买家损失期权费以外的太多钱。而期权的卖家因为出售期权而获得收益，但同时也暴露于无限风险当中，就像远期外汇交易一样。

同其他期权一样，外汇期权中最普遍的形式是看涨期权和看跌期权。而与其他期权，比如股票期权不同的是，外汇期权涉及两种货币，所以投资者必须明确期权看涨哪一种货币。比如，投资者认为美元/日元比率会上涨，即美元看涨日元看跌，或者就简称美元/日元看涨。后者默认大家熟知命名规则，所以为了避免混淆，我倾向于使用前者。

当投资者买卖汇率期权的时候，实际上是在下注汇率的波动性。

如果你认为相关货币对的汇率接下来会波动剧烈，你就可以买进一个看涨或者看跌期权；当你预期该货币对的汇率变动趋于平稳时，你就可以卖出一个看涨或者看跌期权。

还有一些特殊期权形式，包括敲出和敲进期权，一触即付和不触期权，以及它们的结合。这些特殊期权的风险和收益状况更加复杂，所以投资者最好在对它们有所了解之后再涉足。

外汇期货

外汇期货（FX Future）通常是通过交易所交易的，每份合约都按照标准交易单位和未来固定日期交割。除了这些固定的设置，外汇期货在功能上与远期外汇是相似的。在传统银行间直接外汇交易仍然占统治地位的外汇市场，外汇期货发展缓慢。除非投资者和交易者改变他们长期以来的投资习惯，否则外汇期货在整个外汇市场中可能一直只是一个辅助角色。

投资外汇之前需要考虑什么

大部分人看起来对外汇有所了解，他们可能从报纸上、研究报告上或者其他人那里了解到一些观点。投资外汇只需要很小的资本，上手容易，因为很多交易所、经纪人事务所或者银行都乐意借给你本金很多倍的钱供你交易。在我看来，外汇是一种易懂但是极难掌握的工具，原因有如下几个。

主要原因在于外汇波动受制于太多因素，所以昨天管用的，今天则未必。比如，当每月第一个周五公布的美国非农就业人数超出市场预期，投资者该买进还是卖出美元？多数情况下，答案无疑是买进。但是发生了这样的情况：高于预期的非农就业人数使市场参与各方认为美联储将会更大幅度地提高利率，从而导致股票市场的抛售，并在此过程中拉低美元汇率。这只是一个例子，更多的例子不胜枚举。

另一个原因是外汇市场有太多参与者，所以市场极为有效。在这个日交易额超过5万亿美元的市场上，交易周（新西兰时间周一上午5点到美国时间周五下午6点）的每一秒都有大量参与者进行数额惊人的交易。其中很多是专业的银行或基金交易者，也有很多基金通过机器交易，很少人为干预，从而对市场数据的发布和进展的反应比人工更加迅速。那么个人投资者的胜算在哪里呢？在我看来，一个只做短期投资的个人投资者长期必定是亏的，因为短期他的反应必定慢于专业交易者和机器。而个人投资者的优势所在，是他们不像基金那样受制于业绩月报的压力，有意愿有能力突破市场波动的影响，可以从长计议。这要求个人投资者避免高杠杆操作，否则会限制避险能力。当然这并不意味着抱着头寸毫无作为，空等它朝着对自己有利的方向发展。交易技巧仍然是必需的，包括形势恶化的时候缩减头寸，并在必要时锁定利润。

对所有潜在的零售外汇投资者、交易者和投资者，我有两条交易方面的建议。

- 在进入市场之前设定止损水平，同时，考虑获利水平也是一个好习惯。当市场交易进行到接近止损线或止盈线时，多数人都会忍不住突破自己设定的界限。除非有新的信息使重新评估有必要，否则我不建议这么做。

- 通过问自己保有头寸的理由是否依然充分来持续评估自己手中的头寸。如果没有必要继续持有，或者风险/收益不再具有吸引力，那么投资者应该立刻抽身。

以上建议对于任何资产类别的交易都颇有益处，而对外汇投资者尤其重要，因为汇率变动很快而投资者又使用杠杆交易。由于投资者几乎不会有停下来考虑的时间，所以事先准备好行动计划并在相应时刻遵照执行很重要。我们常听人说“先斩后奏”，特别是在到达止损线的时候，在不可预测的外汇市场上，这一点意义重大。你有很多次感觉自己愚蠢至极，你刚刚斩仓，市场就立马反转。但是请相信，你斩仓而市场未曾反转的那一单为你省下的钱，会多于不斩仓得到的。

外汇的交易成本相对较低，或许是所有金融工具中最低的。你不要因为止损退出头寸而遗憾，平仓会让你能更加清晰地思考。即使你当时仍然认为自己应该持有头寸，再次交易的时候你的思路也会更加清晰，同时别忘了设定新的止损线和获利水平。

在你冲进外汇市场之前，另一个重要的考量因素是交易的杠杆。交易平台或银行通常会提供5～20倍的杠杆，这可能会诱惑你过度交易。因为杠杆的存在，你很可能在形势不利的时候亏损所有的钱，甚至更多。算法很简单，假如你以20倍的杠杆操作，那么5%的价格逆向变动就会让你血本无归。这个5%的涨跌看似不大，可能在一两天之内就发生，但你要知道，当时间长到一周甚至一个月，则没有什么不可能发生。

众所周知，2015 年 1 月，由于瑞士央行（SNB）取消了欧元兑瑞士法郎的汇率下限，欧元兑瑞士法郎的比价由 1.20 快速跌至 1.05。这个 12.5% 的跌幅在发达国家的货币市场上是绝无仅有的。2015 年 1 月 15 日欧元兑瑞士法郎的价格如图 3.1 所示。

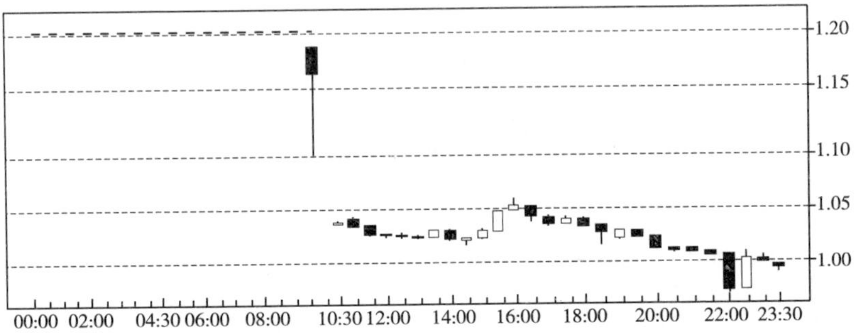

图 3.1　2015 年 1 月 15 日欧元兑瑞士法郎的价格

市场上在略低于 1.20 的位置存在大量止损盘，大多都只能以低于 1.05 的价格平仓，对持有欧元兑瑞士法郎的多头头寸的投资者造成巨大的损失。由于欧元和瑞士法郎此前是非常稳定的货币对，大部分相关的交易者都持有大量头寸。在那个灾难性的日子之前的很多年，投资者都在略高于 1.20 的位置买进，在 1.21 至 1.25 之间的位置卖出。依靠瑞士央行的支持，投资者的这一策略取得了长足的成功，为了放大从欧元兑瑞士法郎汇率的小幅波动中获得的收益，他们也随着时间推移提高了交易的杠杆。所以当欧元兑瑞士法郎的汇率跌破支持性下限的时候，他们每个人都在慌忙地逃离困境，从而在短期内进一步加速了欧元的下跌。

用数字来说明，假设某个人投资者的交易账户上有 10 万欧元，他全部以 10 倍杠杆多头买进欧元兑瑞士法郎，这样他手头就有 100

万欧元多头和120万瑞士法郎空头头寸。在欧元兑瑞士法郎崩盘的那一天，假设他在1.0位置斩仓，那么他将会损失20万瑞士法郎，按照后来1.0的比价，为20万欧元。这意味着他必须马上再增加10万欧元保证金以弥补损失，否则就会面临来自授信机构的索赔或诉讼。2012年3月至2016年2月欧元兑瑞士法郎的价格如图3.2所示。

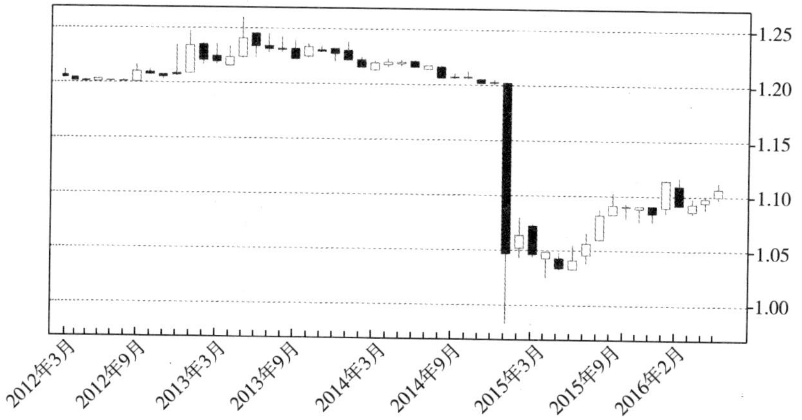

图3.2 2012年3月至2016年2月欧元兑瑞士法郎的价格

谢天谢地，以上这类事件并不会经常发生。应对此类事件其实没有万全之策，但我们必须同时采取避险措施，以确保我们的全部资产不会在类似的黑天鹅事件中被洗劫一空。出于这方面的考虑，个人的资产组合中加杠杆的外汇业务不应占比过高。假设投资者将外汇交易额度限制在财富总额的5%～10%以内，并把杠杆设限在10倍以内，那么即使欧元兑瑞士法郎那样的黑天鹅事件重现，也不至于损失所有。投资者需要根据相关货币对的汇率波动状况和自己的风险偏好来确定投资组合中各部分的规模。交易商给了你很多根绳子（即限制），你不小心就会吊死在上面，所以你必须依靠自己的自制力，不要过度杠杆化。

作为对冲工具的外汇

我们已经知道，外汇是一种高度杠杆化且有时不够稳定的工具。我们即使没有直接参与外汇业务，也有必要增加对它的了解，因为外汇几乎影响我们生活的方方面面，尤其是我们的投资组合。如果你持有海外资产或者以非本国货币计量的投资品，那么汇率的影响会更加直接。比如，我们购买了美国股票，本国是新加坡，那么我们必须考虑美元兑新加坡元的汇率变动对我们总体收益的影响。一招儿不慎，股票收益就可能被汇率波动完全抵消掉。

除了作为投资工具，外汇有时还可以作为对冲工具。个人投资者大多不喜欢“对冲”二字的真实含义，对冲仅仅意味着在标的资产反向波动的时候冲抵亏损，反之亦然。所以仅从“损失更少”当中是难以获得乐趣的，因此多数涉足外汇的人都将外汇作为直接的投资工具，以期通过短期获利来增加组合收益。比如在美元相对英镑升值的情形下，即便是一个持有英国产业的非英国投资者，他也可能只是做很少与他在英国所持有的资产的风险状况无关的英镑兑美元的外汇交易，而不是对冲英镑的下跌。

持不需要对汇率变动做对冲观点的投资者认为汇率波动是周期运动，或者“涨上去了必然还会跌下来”。对冲也会花费成本，所以如果什么也不做，假以时日，汇率本身会回到初始水平，投资者就省钱了。这种情形适用于特定时期的某些货币，但当情形反方向发展的时候，结果则是灾难性的。一个很好的例子是英镑兑美元的汇率，再也没有回到初始水平。

汇率交易属于“对冲”还是“投资”，主要区别在于交易起止的频率。对冲交易为了防范某种货币贬值，通常是中期的。而投资交易通常频率高，在市场波动时买进卖出。对对冲合约进行买进卖出交易的行为是“活跃型对冲”，是在对货币下跌进行套期保值的同时增加收益。这意味着投资者可以解除对冲，比如在对冲合约朝着投资者有利的方向快速发展的时候，当货币对反向运动的时候再重新对冲。其实怎么称呼无关紧要，只要你明了自己这么做的目的，同时准备好了承担判断失误的后果。图 3.3 为英镑兑美元 10 年期汇率图。

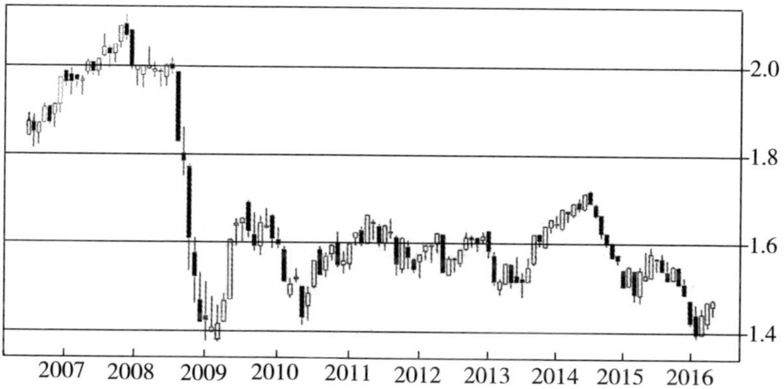

图 3.3　英镑兑美元 10 年期汇率图

就我个人而言，我认为从一开始就把外汇作为对冲工具来进行交易的个人投资者是明智的。当外汇或者对冲交易走势对投资者不利的时候，投资者知道这同时意味着对冲的标的资产的价格走势对自己有利，这多少会是一个安慰。然而当对冲交易朝着对自己有利的方向发展时，投资者不要急于止盈，否则风险收益会被错误地挤压掉。相反的情形是投资者按照对冲资产风险相反的方向交易外汇，那么当走势不利的时候他会承受极大的压力，因为这意味着“双重的霉运”——两头都亏钱。所以只要方法得当，投资者理论上是可以通过外币等相关资产来抵偿外汇交易的潜在损失和增加投资组合的收益的。

外汇真的与现金等价吗

外汇是流动性非常强的金融产品，投资者最多只需两个工作日就可将一种货币转换成另一种货币。当个人投资者考虑要保持多强的流动性的时候，他通常考虑的是将多少基础货币投向存款产品或者高流动性的货币市场工具。外汇与现金很类似，投资者也常这么认为。只是个人投资者通常不会在现金或存款产品上损失多少钱，而将外汇换回本国货币的时候则面临明显的亏钱可能性。从这一点来说，最好别把外汇当作现金，除非投资者对他国货币有潜在需求，且在持有本国货币之外还持有部分他国货币的现金。

如果一个投资者对他国货币并没有潜在需求，且不介意拿自己的现金头寸冒一点儿险以赚取更多，那么，如我们前面所述，投资者必须非常清楚自己愿意冒多大的险和承受多大的损失。把所有风险都放到现金头寸上是不明智的，因为投资者需要确保现金的流动性需求得到满足。外汇是被世界各国的专业投资者广泛使用的极为有效的投资工具，但即使是专业人士，想要长期连续地增值也是很困难的，而个人投资者从长期来说其实拥有独特的优势，有望取得更好的业绩和增加收益。

结论

外汇是交易量最大的投资工具，它高效且令人兴奋。事实上，汇率的波动与股票相比要小得多，但或许是因为外汇交易总会使用数倍的杠杆，而股票交易通常不会使用杠杆，所以人们会感觉外汇的波动性更强。因此汇率的一个看似很小的波动可能导致交易者赚取或者损失一大笔钱，从而给人一种外汇交易“不稳定”的印象。同时，因为外汇交易容易使用各种杠杆，所以成为令人兴奋和有吸引力的投资工具。

批评者将外汇市场比作赌场，因为汇率波动在他们看来是随机的。而支持者认为通过外汇交易赚钱是可行的，因为他们能够于外汇市场的混沌中探测到秩序。外汇市场中还有很多非逐利型的参与者，包括政府和游客型投资者等，这些人为专业投资者提供了获利的机会。

毋庸置疑，投资者无论秉持何种信条都没法忽视外汇，因为它会影响到我们的日常生活。理解外汇以及如何使用外汇对我们有利是明智的选择，无论是出于投资还是对冲的目的。如果使用得当，外汇可能成为又一个“阿尔法”（代指超额收益）或者超额收益的来源。外汇通常使用高杠杆交易，它的这一特点也可能是非常有害的，所以合理使用外汇的关键是将其限制为投资组合的一小部分，并限制杠杆的使用，主要是将外汇作为对冲工具对投资者以外币持有的资产进行套期保值。

第4章　其他资产类别

除了常见的股票、固定收益产品、现金及现金等价物这3种主要的资产类别，以及广受欢迎的房地产和外汇，还有一些资产类别，被少数更有经验的个人投资者和高净值人士所使用。这些资产类别包括大宗商品、私募股权和对冲基金。本章我们就这些资产类别逐一展开讨论，以了解如何使用它们来提高个人收益率和多样化个人资产配置。

大宗商品

这里的商品特指跨境交易的重要原材料和初级产品。大宗商品是按照统一质量标准大批量生产的，所以不同供货商的产品可以相互交换。本章讨论的是商品交易所交易的大宗商品。世界范围内最常见的商品交易所包括以下几个。

- 纽约商品交易所（NYMEX）。
- 伦敦金属交易所（LME）。
- 芝加哥交易所（CBOT）。
- 芝加哥商品交易所（CME）。

近年来，中国成为全球最大的大宗商品消费国，所以中国也有很多商品交易所。这些交易所在不同城市发展起来，交易具有当地特色的大宗商品合约。中国最重要的两个商品交易所是上海期货交易所和上海黄金交易所。

在 21 世纪前 10 年的后全球金融危机时代，大宗商品逐渐在全球范围内赢得投资者青睐。部分原因可能是美元汇率的下跌——美元是大宗商品的实际计价货币，美元汇率下跌导致了全球大宗商品价格上涨，从而使得更多投资者倾向于使用大宗商品来使资产多样化或者对冲其他品类资产价格的下跌。

很多商品都被归为“大宗商品”。出于投资目的的商品品类通常包括黄金、原油、谷物和金属（分别又被称为贵金属、能源、农产品和普通金属）。在各种品类下又都有数不清的各式合约，涉及不同的质量、等级、合约规模以及交割地点等。每一个商品子类别都有专业的交易商，他们同呼吸、共命运，熟知该种商品供需的所有信息。更有经验的交易商甚至会通过了解相关数据来预测未来的供需变化。例如，橙汁交易商可能会跟踪天气数据来预测即将到来的收获季会受到的潜在影响。铜金属交易商可能会详细分析中国的铜进出口的数据，以分清真实的需求和金融运作。

到目前为止，你可能已经了解到，大宗商品构成了一个巨大而复杂的资产类别，它涉及众多商品，我们不可能熟悉其中所有的类别。与其他投资品类（比如股票）相比，这些商品相关的数据不易获得。所以想要参与大宗商品的交易，个人投资者与专业交易者相比会处于明显的劣势——除非他已是从业者或者对该品类的商品交易已经非常了解。我认为个人投资者投资自己并不熟悉的大宗商品无异于赌博——在这个专业选手主导的错综复杂的交易场内，他赚钱的概率还不到50%。所以我不推荐个人投资者或高净值人士投资大宗商品或者将其作为套期保值的工具。如果非要坚持做大宗商品交易或者用来套期保值，我只推荐黄金。

在很大程度上，黄金与其说是商品，不如说是货币。全球黄金的供给情况广为人知，而需求主要基于融资需求而非工业需求，这一点不同于其他贵重金属或普通金属。个人投资者对珠宝首饰的需求显然会影响黄金的需求和价格，但近年来出现的黄金交易所买卖基金（Gold ETF）等金融工具已日渐成为金价变化的主要驱动力。大部分银行也都将黄金作为货币而非商品来对待——“纸黄金”不涉及实物黄金的交割，交易起来非常方便。一旦黄金的物理形态不再成为障碍，黄金就可以像货币一样，只需通过黄金账户的余额增减来交易。

大宗商品的估值

我们可以将大宗商品当作从超市买到的普通货物，或者认为其价值取决于边际买家愿意支付的价格。很抱歉，我叙述的是一个显而易见的事实，但是价格下跌的确因为供给超过需求，反之亦然。

当然，任何商品都存在诸多因素会影响供给和需求。我们要评估当前价格是贵还是便宜，理解这些因素就尤为重要。

但不同于债券或者股票，大宗商品没有现金流折现，所以多数情况下我们其实都无法确定它的“公平价格”。分析师们主要基于历史价格对其进行估值，并使用通胀率或者生活费用等指标进行调整。如何对大宗商品进行估值不能一概而论，因为每种商品都有其自身的独特性，影响供需的因素也各有不同。我们来看看对黄金估值的情形，希望读者由此及彼，获得对其他商品估值的思路。

尽管大部分投资者都把黄金视作货币，但黄金并没有专属的国别标签——它不单独属于任何一个国家，也不被某一个国家单独生产。因此，我们对黄金估值需要仔细研究那些影响供需的因素，具体包括以下几个因素。

- 黄金的生产/开采。
- 珠宝商对黄金的实物/投资需求。
- 终端消费者对珠宝首饰的需求。
- 黄金交易所买卖基金的需求。
- 央行黄金储备/业务的剥离。
- 金融投资者/套期保值者的需求。

黄金的新增供给主要来自金矿开采，通常是已知的——地球上黄金的地下储备是有限的，所以黄金开采量在某种程度上是可以计算的。

与黄金供给有关的最大未知数来自黄金的最大持有者——各国

的央行。1996—2004 年，金价徘徊于每盎司 250 至 400 美元之间，市场对黄金兴趣索然。由于黄金作为国家财富的地位遭到质疑，有央行秘密出售储备的黄金。之后金价从 2004 年的每盎司 400 美元回弹到 2011 年的每盎司近 1 890 美元，央行不再卖出黄金，甚至有买入的行为——黄金重新成为公认的财富储备物，尤其是在美元下跌的情形下。央行有时会公布它们持有的黄金数量，但通常滞后很久，所以根据央行的黄金供给数量，投资者通常无法获取及时的信息。

黄金的需求具有季节性和周期性。当金价在每盎司 400 美元的时候，个人投资者不会考虑将黄金作为投资品。一旦金价从 2005 年年底回升至每盎司 500 美元以上，投资者就开始关注，并进入黄金市场。在专业投资者和个人投资者的共同推动下，市场对黄金交易所买卖基金的兴趣激增。在 2011 年最疯狂的时候，市场上盛传金价会上涨至每盎司 2 000 美元甚至每盎司 3 000 美元。央行在这一时期也成为黄金的净买家。这导致个人投资者想买入一切黄金产品，包括天然金块、金条以及黄金首饰，这种情形在中国尤甚。中国的黄金珠宝商的生意不仅在内地，还在中国香港做得风生水起。于是中国迅速超过印度成为全球最大的黄金消费国，金价飙升到 2013 年年中才告一段落，黄金交易价格回到每盎司 1 400 美元以下，个人投资者的狂欢也终结了。2015 年的大部分时间金价都在每盎司 1 100 至 1 200美元之间，“抢反弹”的零售黄金投资模式也成为过去式，可以说现在的黄金市场比过去更加稳定，更加吸引具有实际需求或者套期保值需求的投资者，而非投机者。

本书写作期间，金价维持在每盎司 1 200 美元以上，这是黄金的“公平价格”吗？银行和黄金专家预测未来金价会在每盎司 1 100 至

1 400 美元之间，比 2011 年的价格理性得多。预测多是基于对潜在需求和供给的研究，也有一些是基于技术预测。无论基于何种方法，我敢说在过去 20 多年当中很少有人能够持续预测准确。这表明，对金价走势的预测，即便是专业人士也很难给出正确的答案，更不用说信息获取渠道比较少的个人投资者了。

投资大宗商品

对于个人投资者而言，交易实体商品是不可能获得成功的，那么只能是“纸上”交易或者商品期货交易（不涉及实物交付）。不同交易所对各自平台上交易的大宗商品合同有不同的规定，投资者涉足时必须非常谨慎。

商品期货交易与股票期货交易类似，都是杠杆交易且买进或者卖出在未来按约定条款进行远期交割的合约。个人投资者的目标当然不是为了到期获取商品，所以必须特别注意在到期日之前的平仓、移仓换期，或者现金结算。

对于黄金而言，个人投资者可以通过以下几种途径进入市场。

- 从黄金珠宝商或者银行买入黄金（金条）。
- 通过银行建立纸黄金账户。
- 通过柜台交易黄金。
- 买卖黄金期货。

买入实物黄金是多数投资者的做法，但是需要注意的是，由于首饰涉及额外的设计和制作成本，投资者买入黄金首饰，会在现行金价之外支付较高的差价。买入金条状的吊坠，重量约在2克到20克，与购买黄金首饰的情况差不多，不过由于吊坠设计简单，差价可能相对低一些。购买20克以上的投资金条是投资实物黄金的最好方式——它不具有装饰性，且通常有固定的买卖差价。也就是说，银行或者珠宝商会承诺愿意按照实时金价及一定的买卖差价回购。

纸黄金账户是最便捷的投资非实体黄金的方式（同时也是纸黄金交易中买卖差价最大的一种），但它的规模仍然远远小于零售实物黄金。这种方式适合交易不活跃的长期投资者，他们只是将黄金作为一种备选资产买入并持有。对于交易活跃的投资者，开设一个交易账户进行即期、远期或者期货交易都是合适的选择。这里的风险在于使用高杠杆交易，当然金价波动如此剧烈，也只有老到的投资者才敢涉猎。

私募股权

私募股权公司指没有在交易所公开挂牌的公司。我们大部分人可能都熟悉网络公司，多数情况下它们是处于创业阶段的信息技术（IT）企业。但私募股权公司不局限于IT企业，它可能涉及任何公司——无论大小，只要没在股票交易所公开上市。当然，这些企业的规模通常都相对较小，且没有很多的盈利，需要募集资金进行扩张。

投资私募股权的通常包括企业、私募股权基金以及高净值人士。企业可能是基于战略考虑进行投资，投资的周期相对会更长。私募股权基金以及高净值人士则是单纯受利润驱使，倾向于更短的投资周期。私募股权基金又可以因投资策略和重心的不同而分为并购基金、成长型基金、风险投资基金以及特殊情况基金等。

私募股权投资是时间跨度在5至10年的长期投资。私营企业公开上市的时候，私募股权通常才退出，但这不是唯一的退出路径。私营企业也可能与其他公司合并或者被收购，投资者可以从公司经营利润或者债权收入中获取股利分配。如果投资者想要早些退出私募股权投资，可以选择二级市场。二级市场目前正在发展当中，但流动性相对差一些。

想要投资私募股权的个人投资者和高净值人士，通常局限于直接投资创业阶段的新兴公司，或者成立专门的私募股权基金来代表个人投资。投资这些公司可以从它们发展的任何阶段开始，不同阶段并没有清晰的界限，但通常包括以下几个阶段。

- 概念/原型阶段：这是最早的一个阶段，创业尚处在最初的概念或原型期，需要投资者或亲朋好友集资参与。
- 种子基金阶段：这一阶段通常是多数创业公司募集资金的第一个阶段，目标通常是至少达到收支平衡。
- A轮、B轮和C轮融资阶段：这些阶段以增加创业公司的收益、市场份额及收益率为目标。

投资者越早投资，创业公司的估值越便宜。但由于早期的创业公司尚不具有稳定的业务和收入来源，投资者需要同时承担较高的风险。大部分投资者都不会选择在概念或原型阶段投资，除非理念极具说服力，或者创业者或企业家曾有过非常成功的纪录。所以在早期的概念或原型阶段，大部分创业者只会获得亲朋好友的投资。

种子基金阶段通常是外部的投资者开始进入的时期。如果创业公司持续表现良好，就会迎来 A 轮、B 轮，及后续多轮资金帮助公司实现扩张。在每一轮资金进来后，先前投资者的股权就会被稀释——除非公司增资扩股。考虑到创业公司的高破产率，初期的投资者也需要 10 倍以上的投资回报才足以平衡他们的风险。

私募股权投资是高风险的交易。每个人都对“独角兽”或者估值超过 10 亿美元的创业公司略知一二。只是每一只独角兽背后，都有数以千计的创业公司并未赢利，从概念到种子基金再到 x 轮融资阶段，每个阶段都有无数公司苦苦挣扎，濒临倒闭。创业公司失败率的统计数据存在“幸存者偏差”（survival bias），即只有那些创业成功的公司才进入统计系统。不同的研究得出的创业失败的概率从 25% 到 75% 不等。大体而言，这些结论取决于研究者如何量化“失败”以及做研究的时机。

投资者要记住不能将鸡蛋放在同一个篮子里就够了，即不要将投资仅限于一家或几家创业公司。这类投资的失败率如此之高，以至于我们必须广撒网、投资足够多的公司，才能确保统计中有胜出的概率——在你的投资组合中有一些公司是创业成功的。

私募股权的估值

对非上市的私募公司进行估值很难，尤其是尚未赢利的公司。

在投资私募股权公司之前，投资者通常可以参照同类公司，除非概念独特，与其他公司都不同。一些常见的估值方法包括以下几个。

- 按发展阶段估值。
- 按市销率（price to sales）估值。
- 按活跃用户数（active users）估值。
- 按现金流折现估值。

前 3 种方法适用于早期阶段，尤其是公司尚未赢利的时候。每种方法需要匹配多高的估值倍数并不存在确切的标准，最好的方法或许是与现有类似创业公司的数据进行比较。在概念/原型或者早期阶段，第一种按发展阶段估值的方法或许是最靠谱的。这时一家公司的估值取决于我们认为概念价值多少或者创业者有多大的能力实施创业计划。

当创业公司开始销售商品或者争取客户，即便没有收益，采用接下来的两种方法估值也是更为合理的。根据公司销售额、消费者数量、客户资源变现的可能性和速度的不同，估值的价格乘数也会不同。创业公司发展到更好的阶段，产生了正的现金流，可以运用现金流折现法进行估值，通过经典的上市股权估值模型，更加客观地对公司进行估值。

不管怎么说，投资者认为一家公司的价值，很大程度上取决于创业公司所在的行业。热门行业意味着更高的估值，反之亦然。另一个影响估值的因素是创业者的背景。对于一个有着成功经验的创业者，他的公司即使尚在概念期，也会获得更高的估值。毕竟创业早期的成功，80%要归功于创业者的执行力。对创业公司估值，更多是一门艺术而非科学，投资者在做出任何投资之前，都要确保头脑清醒。

投资私募股权

私募股权投资市场的4种进入方式如下。

- 直接投资私营公司。
- 投资私募股权基金。
- 投资私募股权母基金。
- 购买公开上市的私募股权基金的基金份额。

投资者直接投资公司的金额不受限制，通常在1万至150万美元之间。个人投资者要直接投资公司会面临困难，一是难以找到好公司，二是如何对公司进行估值。多数个人投资者并没有渠道接触到正在寻求融资的创业公司，主要原因在于市场过于庞大，同时也没有一家足够强大的交易所可以将这些分散的公司集中起来与投资者对接。近年来，如Indiegogo和Kickstarter等众筹网站的兴起提供了一些方便。但是面对众多的创业公司，投资者要如何才能确定它们是否值得投资，它们的估值是否合理呢？除非个人在这方面经验丰富，否则判断估值只能靠猜。而同类可比公司的信息其实很难得到，这更增加了判断估值的难度。

除了很难找到具有良好前景的创业公司以及估值方面的困难，

另一个难点是如何多样化投资足够多的创业公司以分散风险。私募股权投资是高风险的投资，其中大部分公司在胜利的曙光出现之前就破产了，所以投资要足够分散，投资的公司要足够多，这样即使最终只有10%～20%的公司能够上市或者被收购，也足以抵偿余下的80%～90%的公司破产的损失。

对于只将部分时间用于投资的兼职投资者，直接投资可能不太容易且投资乏味，备选的方式是投资私募股权基金。两者明显的不同是购买私募股权基金必须向基金管理方支付管理费和业绩提成费。管理费通常在1.5%至2.5%之间，而业绩提成费在20%至30%之间，且在投资回报高于预先设定的最低门槛时收取。私募股权基金一般有长达10年的资本锁定期。专业的基金经理有更好的渠道可以接触到寻求融资的创业公司及私人公司，也具备专业的估值能力。重要的是它们的投资也是多元化的，所以投资几家私募股权基金就相当于同时投资了10～20家创业公司。以创业公司为投资对象的私募股权基金也是在进行高风险的投资，这种方式主要适用于拥有100万美元以上可投资资产（不包括自住房产）的合格投资者。最小投资规模通常为10万美元及以上，很多基金要求达到1 000万美元以上。私募股权基金有各自擅长的领域，所以投资之前要先确定自己看好哪个行业或部门。负有盛名的私募股权基金包括KKR集团运营的KKR有限合伙基金和3i集团旗下的多只3i基金。

投资者如果认为投资私募股权基金还是过于乏味和缺乏多元化，可以考虑购买私募股权母基金。这些基金按照预先设定的投资策略将资金投资于不同的私募股权基金。优点是这样的一只基金会帮你筛选投资的基金，同时由于母基金会同时投资10多只基金，你会从同样金额的投资中收获更大的差异化。缺点主要是与直接投资私募股权基金相比，你需要多支付成本。

最后要提醒的是，一些私募股权基金会在纽交所之类的主要交易所挂牌上市，这些基金往往更能吸引投资者关注。但是请记住，最好的私募股权基金通常并不在交易所的平台上。

有一点或许已经很清楚，私募股权投资其实并不适合大多数人，除了高净值人士中最具实力的那部分人。与公募股权投资相比，私募股权投资对应更高的收益，但同时也伴随着更高的风险。因此，私募股权投资通常只占高净值人士投资组合的一小部分。

对冲基金

对冲基金是从专业投资者那里募集资金，运用金融杠杆投资多种类别资产的一种投资工具。对冲基金与共同基金、货币基金以及私募股权基金的主要不同点如下。

- 使用杠杆。
- 使用复杂的交易算法、投资组合建构及风险管理工具。
- 跨资产类别投资。
- 以流动资产为主，但不仅限于发达市场。
- 可以做多及做空某种资产。
- 管制不那么严格。

对冲基金一开始是被用于对冲组合中的某种资产，比如股价下跌的时候，于是获得了“对冲”之名。随着时间推移，任务已经不断演化，对冲也被更广泛地用于指代这一类独特又复杂的投资基金。由于广泛的投资授权，且仅限于专业和合格的投资者参与，对冲基金与其他基金相比，受到的监管较松。这也使得对冲基金面对新市场和新金融工具时反应更加灵敏。

对冲基金通常按照“2 + 20”的标准收取费用，即 2% 的管理费和 20% 的绩效费。绩效费通常不设最低预期回报率，但可能会设“高水线”，也就是只有在基金净值超过历史最高值后才收取 20% 的绩效费。正因如此，基金管理者有动机关闭损失惨重的基金，成立新基金，因为不这样做，他们就只有在基金涨回到之前的最高净值后才能收取 20% 的绩效费。

与私募股权基金较长的锁定期不同，对冲基金的锁定期要短很多，通常只在一年之内，之后每季度都有赎回窗口。在极端困难时期，对冲基金还可以“设立闸门”——禁止赎回直至情况正常化，但这种措施极少采用，只在 2008 年全球金融危机时实行过。设立这道闸门的主要原因是，在流动性极度缺乏的危机时期，赎回导致的强制性售卖不大可能实现，即便能够实现，强制性卖出会将资产价格进一步打压到不合理的低水平，从而会给余下的基金持有者带来极大的损失。对冲基金会使用多种策略，常用的有如下几种。

- 全球宏观策略。
- 股票多空。
- 特殊情况或事件驱动。
- 不良债务。

- 套利和相对价值策略。

不同策略或许有重叠部分，一只基金也会使用不止一种策略。在使用这些策略的过程中，基金经理会运用定性及（或）定量研究的工具来做出投资决策。他们可能专注于某种特定的资产类别，比如股票，也可能跨资产类别操作——从市场错误定价中套利或者单纯地追求交叉资产策略以体现自己的投资观。

对冲基金剔除费用后的业绩在过去一直连续跑赢市场，但近年来则处于不确定的状态，这导致很多人开始质疑对冲基金到底是否值得投资者付出高昂的费用。投资对冲基金即使没有 100 万美元，也至少需要 25 万美元。所以只有高净值人士当中富有的那部分人才有能力涉足。

对冲基金的估值

对冲基金对于其投资的具体资产类别不一定全部公开，但它必须定期公布业绩数据。按要求，大部分基金都是月底公布报告。报告的内容通常会涉及基金的投资观点、最近及当前的投资策略、最大持有的资产，以及当前和历史业绩数据。除了关注基金的盈利，投资者考察其运营风险也同样重要。一个很常用的指标是夏普比率（Sharpe Ratio），它用于衡量经过风险调整后的收益率，即更高的夏普比率意味着相应的基金承担单位风险会获得更高的超额报酬。

与夏普比率类似的另一个常用指标是索提诺比率（Sortino Ratio）。两者不同的地方在于，夏普比率不能区分收益的波动是有利还是有害，而索提诺比率则考察一定收益率下超额收益的波动程度，即考虑收益率与下行风险的关系。

其他常用的衡量净值或比较对冲基金业绩的质化和量化指标包括最大月跌幅、从下跌回升至原来水平需要的最长时间、基金的风险分布、关键人风险等。当然，历史业绩并不能保证基金未来会有同等业绩，但了解对冲基金的投资过程，并评估基金经理的素质，投资者可以获得很多有益的信息。毕竟从根本上说，基金经理决定了一只基金的风格。

大部分机构投资者在投资对冲基金之前都需要有 3 年的良好业绩纪录，个人投资者和高净值人士也可以将其作为参考。当然 3 年的良好业绩纪录并不能说明基金就一定是好的，因为 3 年的统计期太短，还不足以区分好的和幸运的基金。当然，投资者在提交任何资本之前还需要对基金经理以及基金本身做足够的质性评估。

投资对冲基金

就投资金额而言，对冲基金或许是门槛最高的投资品种。由对冲基金性质决定，它只对合格的投资者开放。由于投资金额通常 25 万美元起步，一个只用几万美元进行投资的人是没法将对冲基金纳入自己的资产组合的，所以对冲基金只对净值 500 万美元及以上的富有的高净值人士有意义。对冲基金投资是相对高风险的投资类别，收益具有很大的不确定性，同时每年还需要花费很高的成本。它在富有的高净值人士的投资组合中占有一席之地，但也只有很小的比重——5% 或者更少。

如果你有钱投资对冲基金，那么你会发现有的基金规模大，有的规模小，有的当前接收新投资资金，有的不接受。这里可以列出一些有名的大基金，如都铎投资公司（Tudor Investment Corporation）、兰冠资本管理公司（Blue Crest Capital Management），还有福特雷斯投资集团（Fortress Investment Group）。和私募股权投资一样，当投资哪只对冲基金的决策非常难做的时候，你可将资金投入对冲基金的母基金。这些基金会替你筛选出最好的对冲基金，但这是要收费的。

结论

除了股票、债券和现金/现金等价物这3种传统的资产类别，以及房地产和外汇两种常见的资产类别，余下的资产类别有大宗商品、私募股权和对冲基金。后3种的波动性更强且资本保全状况有很大不确定性，尽管它们通常会承诺更高的收益。大宗商品具有很强的投机性，最好由经验丰富的投资者来投资。而私募股权和对冲基金投资由于复杂性和高风险的特性，通常只对专业投资者开放，且有最小投资金额门槛，投资者要多元化自己的投资组合，难度也会更高。

到目前为止，我们已经讨论了个人投资者通常可以选择的主要资产类别。接下来，我们要讨论个人投资者可以接触到的一些具体的投资产品。

第二部分

常见的理财产品

第5章　股票挂钩票据

股票挂钩票据（Equity Linked Note）是优先理财和私人银行客服经理售卖的最普通的产品之一。顾名思义，股票挂钩票据有两个组成部分——股票部分和票据部分。从它按票息或约定利率支付的角度看，它是“票据”，而票息支付取决于与其挂钩的股票的业绩表现。如果挂钩的股票业绩达不到预期标准，那么购买者就只能持有挂钩的股票，而不能以现金结算本金和票息。

股票挂钩票据有很多种类。由于它通常不设本金保护，几乎所有票据都被银行评为中高或者高风险级别。股票挂钩票据通常由一个利率工具（即零息债券/票据或者定期存单）和一个股票期权组成。由银行发行的常见的股票挂钩票据可分为以下3种基本类别。

- 可赎回贴现股票挂钩票据。
- 可赎回每日计息股票挂钩票据。
- 上行参与的股票挂钩票据。

市面上绝大部分股票挂钩票据都可以归为以上 3 种，其他略有变化。接下来，我们对它们逐一简单描述。

可赎回贴现股票挂钩票据

贴现股票挂钩票据是一种结构化的投资工具，它与某只或者一篮子标的股票挂钩，目标是在某些条件下提高回报率的同时使得投资者能以折扣价购买挂钩的股票。产品到期的时候，投资者可能被交付标的股票或者业绩最差的股票（在挂钩一篮子股票的情形下），如果股票以低于协议价的价格出清，投资者可能会损失相当部分甚至全部的本金。

可赎回每日计息股票挂钩票据

可赎回每日计息股票挂钩票据是一种结构性的投资工具，与标的股票挂钩并有损失本金的风险。发行者可以依据一定的赎回条款在到期日之前赎回股票挂钩票据。第一期票息是固定值，后续票息的金额有赖于挂钩股票的表现。典型的做法是，挂钩股票每天都按照预先设定的范围进行交易，以获取更高的利息收入。产品到期的时候，投资者可能被交付标的股票或者业绩最差的股票（在挂钩一篮子股票的情形下），如果股票以低于协议价的价格出清，投资者可能会损失相当部分甚至全部的本金。

上行参与的股票挂钩票据

上行参与的股票挂钩票据是指票据与股票或股票篮子的升值挂

钩。票息是标的股票升值部分的一个百分比。例如，一个 70% 上行参与的股票挂钩票据，收益等于挂钩股票升值部分的 70%；标的股票价格下跌，则收益会低至零，所以这种结构是到期保护本金的设计，不过这也取决于投资者的信心。这种票据可以采用不保护本金的组合，如果标的股票价格下跌，投资者通常按照固定比率（比如 95%）收回本金，以换取更高的上行参与率。

对大家来说，以上描述可能太过抽象，难以充分理解，而要使一个产品易于理解，莫过于从一个简单的例子开始。

一个股票挂钩票据的例子

表 5.1 是一个来自某银行在新加坡发行的可赎回贴现股票挂钩票据的情况。

表 5.1　一个可赎回贴现股票挂钩票据

股票篮子：华侨银行（OCBC）、星展集团（DBS）、大华银行（UOB）

票期：6 个月

票息/利率：5%

行使价：初始股价的 95%

取消价：初始股价的 100%

最终收市价：最终估价日股票篮子中每只股票的收盘价（取决于相关股票交易所，通常为到期日前 3 天）

提前赎回：在观察期（通常从票据购买一个月以后开始，最终估价日结束）的任意一天，如果股票篮子中的所有股票都等于或高于取消价，票据会被提前赎回。对买方的利息支付会持续到赎回日当天，同时票据合同终止

到期赎回：如果没有发生提前赎回，到期日买方或者收取本金和所有利息，或者以本金买入相关股票中业绩最差（按百分比）的股票，具体哪一种情形取决于相关股票篮子里的每只股票的最终收市价，如果每只股票的最终收市价 ≥ 行使价，投资者会获得本金加利息；如果任一只股票的最终收市价 < 行使价，投资者会获得股票篮子中业绩最差的股票

我们在这个例子中加进数字，见表5.2，考察这个票据的潜力如何。为了便于我们聚焦股票挂钩票据的优缺点，有些计算我们会刻意简化。

表5.2　3只股票的相关价格

份额	初始股价	行使价	取消价
星展集团	17.88	16.986	17.88
华侨银行	9.42	8.949	9.42
大华银行	20.06	19.057	20.06

为了便于描述，我们假设3种股票的涨跌幅一样，即3只股票可近似地被同一条曲线表示，那么可能出现3种情境，如图5.1所示。

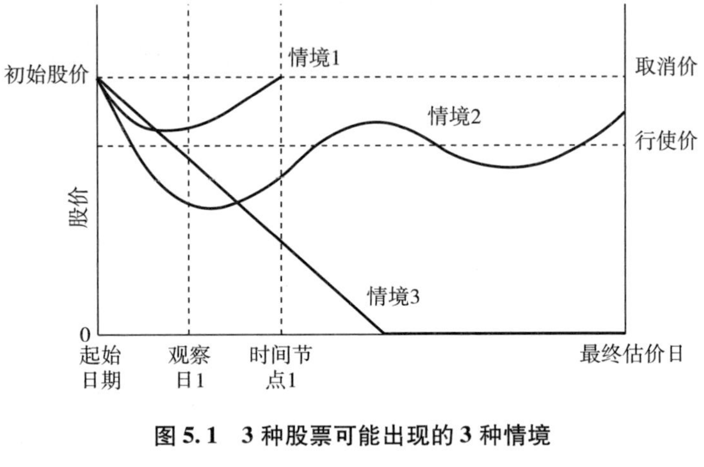

图5.1　3种股票可能出现的3种情境

我们来分析3种情境下会分别发生什么。

情境1：提前赎回

在时间节点1，所有股票的收盘价都达到或超过取消价，发行方提前赎回，合同提前终止。

买方在提前赎回当天获得票面金额的现金。

卖方还需支付提前赎回当日及之前所有交易日的累计票息。

情境 2： 投资者获得现金

在观察日 1 和最终估价日之间，股票收盘价保持在取消价以下，未发生提前赎回。

到期日的最终收市价达到或者高于行使价，票据持有者获得票面金额的现金。

卖方还需支付包括到期日在内的所有交易日的累计票息。

情境 3： 投资者获得股票

在观察日 1 和最终估价日之间，股票收盘价低于取消价，未发生提前赎回。

由于股票最终收市价几乎为零，证券持有人的损失等于每只股票对应的票据本金，买方获得股票（股数 = 股票对应的票据本金/行使价）。

卖方还需支付包括到期日在内的所有交易日的累计票息。

情境 3 中票据持有人会损失投入股票挂钩票据的所有本金。

现在假设投资者初始投入 10 万美元于该股票挂钩票据，潜在损益的情形见表 5. 3。

表 5.3　潜在损益情形

何时（时间节点 1）触发壁垒事件	情境 1（提前赎回）	情境 2（投资者获得现金）	情境 3（投资者获得股票）
1 个月后（观察期开始）	417 美元（100 000 美元 × 5% ×1/12）	不适用	不适用
3 个月后	1 250 美元（100 000 美元 × 5% ×3/12）	不适用	不适用
5 个半月后	2 292 美元（100 000 美元 × 5% ×5. 5/12）	不适用	不适用
整个 6 个月都没有壁垒事件	不适用	2 500 美元（100 000 美元 ×5% × 6/12）	−97 500 美元（股价为 0 时，损失最大；为 2 500 美元票息收入减去 10 万美元的本金损失）

情境 3 显然是我们都不愿遇见的极端情形，尤其在这个例子中的相关股票还是新加坡举足轻重的三大银行股。那么假如不是这 3 家银行，而是另一个股票挂钩票据结构化产品中一些波动性强的小盘股呢？想到血本无归，便让人不寒而栗，但这是绝对有可能发生且没法回避的情形。

当然在情境 3 发生的时候，除非相关股票公司出现严重危机或者欺诈行为，多数情况下股价都不会跌至低于初始价格那么多的位置。我们来稍微修改一下情境 3，假设业绩最差的股票在到期日的收盘价为初始股价的 85. 5%。这意味着交付给投资者的股票价格（95%）下跌了约 10%。这种情况下，投资者的损失就可控得多，为7 500美元，等于利息收入（2 500 美元）与资本损失（10% ×100 000 美元）之间的差额。

再看情境 1，壁垒事件大概发生于票期过半的时候，为方便起见，我们假设在第 3 个月月末。现在我们得到 3 种盈利状况，见表 5. 4。

表 5. 4　盈利状况

情境 1 （3 个月后 提前赎回）	情境 2 （投资者获得现金）	情境 3 （投资者以 85. 5% 的初始股价 购入股票）
1 250 美元 （100 000 美元 × 5% ×3/12）	2 500 美元 （100 000 美元 × 5% ×6/12）	−7 500 美元（为 2 500 美元 票息收入与 10 000 美元资本 损失的差额）

现在我们得到 3 种情境下各自的盈利状况，接着，我们加入一个简单而非科学的假设条件，假设 3 种情境发生的可能性是一样的，那么这种票据结构的预期收益会是多少呢？

预期收益 =（1/3 ×1 250 美元） +（1/3 ×2 500 美元） + [1/3 ×（ −7 500 美元）] = −1 250 美元

这表示，基于假设，投资者投资该产品会预期损失 1 250 美元。

这似乎很不合理，因为少有人会投资预期收益为负的产品，也许我们对情境 3 的假设过于苛刻，或者我们对概率的假设过于简单，或者两者兼而有之。我们可以通过蒙特卡罗模型（Monte Carlo Model）等模拟出更科学的 3 种情境的概率，但计算过程相当复杂，有违我简单理解和评估投资的本意。所以我们还是对情境 3 中参数进行微调，看另一种可能的情境下的损益情况。

如果情境 3 发生的时候，最终估价日的股票成交价只略低于行使价，会是该情境下对投资者最有利的情形吗？

如果情境3中业绩最差的股票收盘价为初始股价的94.905%，股价较95%的交割价仅下跌了约0.1%，投资者获得股票，另外两种情境假设不变，则预期收益为：

预期收益 = (1/3 × 1 250 美元) + (1/3 × 2 500 美元) + [1/3 × (2 500美元 − 0.1% × 100 000 美元)] = (1/3 × 1 250 美元) + (1/3 × 2 500 美元) + (1/3 × 2 400 美元) = 2 050 美元

所以我们保留3种情境，按照概率相同的简单假设，同时将情境3按照最有可能发生的结果，也就是“最小损失”的情形，来假设最终估价日的股票成交价为初始股价的94.905%，只略低于初始股价95%的行使价，这样投资者购买这个产品的预期收益为2 050美元，换算成预期年化收益率为4.1%（2 050美元/100 000美元 × 12/6）。

“还不算太差”，你或许会对自己这么说，特别是想到当前低利率环境下极低的存款利率。你可以微调以上各种参数，比如情境发生的概率，最好按照你认为的各情境发生的概率来赋值，以此计算预期收益。

你可能认为这样得出的是简单假设下的一个预期收益。但不管假设条件多么简单，考虑到你在不知道预期收益如何的情况下，只凭着自己的眼光和设想购买一个产品，是不是最好计算一下你可能获得的收益呢?

假如你发现按自己的假设算出的结果只是很少的正向预期收益，甚至负向的预期收益，不要觉得奇怪。这种情况下，你至少可以以此决定是否继续持有这个产品，而不是等到追悔莫及的时候，你也会明白仅观点正确是不能保证赚到很多钱的。

以上我们详细讨论了一个股票挂钩票据的例子，其他类型的股票挂钩票据也可以通过类似的方法分解成简单易懂的几个部分来评估预期收益。

本章开头我们提到股票挂钩票据通常包含一个利率工具和一个股票期权。在我们所举的这个例子中，票据的结构很可能是这样的：发行银行会购买一只零息债券，同时代表买方卖出股票的看跌期权。这意味着投资者卖出了一个看跌股票期权，让渡了按预先约定的价格向期权的买方出售股票的权利。

并非所有股票挂钩票据都只涉及卖出看跌期权，比如上行参与的股票挂钩票据包含的就是买入看涨期权。本章为了方便论述，主要以可赎回贴现股票挂钩票据即做空波动率作为例子来展开讨论。

购买股票挂钩票据之前需要考虑哪些因素

为了回答这个问题，我们从该银行的股票挂钩票据投资意向书中陈述的投资目标开始，如其所述，股票挂钩票据的目标客户必须符合以下几点。

- 对股票篮子中的所有股票持 6 个月以上的乐观预期。
- 接受股票篮子中所有股票指标在预设期间内的波动，即在票据有效期内股票的收盘价在各自的行使价和取消价之间波动。
- 愿意买进股票篮子中业绩最差的股票，假如最终收市价低于取消价。

这些投资目标陈述了投资者需要认同的一些观点，注意，它并没有提及支付（更高的）利息，它只是强调需要对一篮子股票持有乐观预期，但没必要过分地乐观，因为在整个票据存续期内股价都可能会在某个范围内波动。在这个例子中，这个范围是初始股价的95%～100%，所以股价并不总是高于初始股价。如果投资者判断失误，他就必须持有股票篮子中业绩最差的股票。

买进前我们需要关注相关股票的交易区间

从投资目标来看，购买股票挂钩票据与更高的票息没有关系，所有的动机似乎都来自相关股票。投资者首先要关注的是股票篮子，并愿意为整个合同期内的股价涨跌赌一把。而票息是否较高是后面才应考虑的，它的作用看起来就像糖精，或者以备投资者判断失误时“对冲”——无论是对股票在交易区间波动的判断，还是对股价不会跌破取消价的判断。

那么持有相关股票是股票挂钩票据投资者的主要动机吗？我从银行客户经理处了解到，投资者似乎第一时间是被所宣传的股票挂钩票据产品的高票息所吸引的。所以无论挂钩的股票是什么，没有高票息收入的股票挂钩票据产品都是不受欢迎的。

在评估股票篮子里的股票时，有经验的投资者通常会从以下几方面进行考虑：一是是否愿意持有股票；二是接下来的几个月，股票价格会上涨还是下跌；三是利息收益是否与承担的风险匹配。

第一点和第二点是主观考虑，取决于投资者个人股票交易的历史经验或个人对宏观经济/行业/股票市场大方向的判断。第三点通常取决于投资者对股票波动性的判断，这一判断会直接影响投资者持有股票至到期日的可能性。对股票波动性预期越高，投资者要求的利息收益通常也会越高。

这里所说的“波动性”是可被客观度量的。相关股票波动性的历史数据是可以从路透社（Reuters）和彭博社（Bloomberg）等数据提供商处获得的。我们这里不深入谈技术细节，但要知道股票的波动性是通过百分比表示的，而年度波动率通常远高于 10%。每只股票波动的关联性也是可以计算的，将波动性数据和相关性数据结合起来，就可以分析股票篮子未来的价格走势。当然，前提是这些股票会延续之前的波动规律。

需要补充说明的是，股票波动性越高，需要支付的票息也会越高。这符合我们的直观感受，波动性越高，情境 1 和情境 3 出现的可能性就越高，而投资者从这两种情境中获得的回报远低于情境 2。换言之，购买这种股票挂钩票据产品的投资者实际上是通过做空波动性来换取更高的收益，所以波动性的绝对值越高，投资者越需要以更高的价格卖出以获得补偿。当考察一个股票挂钩票据产品的结构时，我们会发现它包括了卖出股票的看跌期权的部分。正是这种结构化的设计提高了股票挂钩票据产品的收益率，使之可以支付高于市场利率的票息收益。

我们已经了解到购买股票挂钩票据产品意味着卖空相关股票的波动性，那么接下来我们要做的事有以下几件。

关注相关股票的波动性

很多朋友和股票挂钩票据的潜在投资者都告诉我，要预测下个月股票价格的走势和波动性很难，更不要说期限长到 3 至 6 个月——通常是股票挂钩票据产品的票期。多数投资者其实只考虑看涨还是看跌的问题。他们跟我说，如果买进股票挂钩票据，那么即使在最糟糕的情况下，他们也会很“开心”地以初始股价的95%买进股票，因为这意味着在现价基础上有5%的折扣。这听起来是不是很熟悉？

当然，每个人都喜欢折扣，喜欢以比当前市价便宜的价格买到商品，但是我们考虑这种情形：两个月以后，之前你表示会“开心”地以初始股价95%的价格购买的股票跌到了初始价格的93%。此时你还会觉得开心吗？

“没关系，股价还会回升的，毕竟眼下我还没有持有这些股票，离股票挂钩票据到期还有足足4个月。”你或许会这样说服自己。你可能在笑，因为你也听过这种说辞。

现在投资者大概高兴不起来了，因为他很可能会以高过市场价（初始股价的93%）的价格（初始股价的95%）获得股票。在那个时间节点上，他不“拥有”股票并不会改变这样的事实：股票不再基于初始股价的100%进行折扣，由此投资者要溢价而不是按折扣价买入股票。此时两个月前的美好感觉不再，投资者真正要面对的严峻形势是：4个月以后如果必须以初始股价的95%买入股票该如何是好？

清醒的投资者会考虑对冲潜在损失的风险。但据我观察，个人投资者会对冲股价下跌风险的少之又少。多数人除了希望股价反弹之外便束手无策。抛开更多的技术术语，我已经强调过买进股票挂钩票据实际上是卖空波动性，而对冲“短线波动”头寸需要买高卖低——这对于个人投资者而言是极其困难的，即使他知道如何操作。

以上对个人投资者而言，从理解到实践都是很难的事。最终他们会选择无视这些困难，只要利率高到足以“对冲”股票下跌的风险，他们就会投资股票挂钩票据。他们寄希望于即便股价下跌，也不要跌太多，而且愿意长期持有那些股票。

买进前还要考虑利息收益是否与股价下跌的风险相匹配

总而言之，我们讨论了投资股票挂钩票据需要满足的前提条件。你很可能对相关股票的价格长期走势持乐观态度，认为票期（短期）内相关股票价格只会窄幅波动，股价波动近期会更加平稳，并且认为利率回报高到足以补偿所承担的风险。

购买股票挂钩票据之前需要考虑的其他因素

前面我们已经讨论了购买股票挂钩票据之前需要考虑的关键因素，但在你急于打电话给你的客户经理购买股票挂钩票据之前，我还要强调投资者容易疏于考虑的其他几点因素。

- 除了前述 3 种情境，有没有其他可能性？
- 投多大规模？
- 单一股票还是多股票挂钩票据？
- 当情境 3 发生而你获得股票，需要考虑什么？

现在我们逐一讨论这几点。

除了前述 3 种情境，有没有其他可能性

大部分投资者都偏好情境 2（到期日获得现金），这很好理解，

因为情境2代表着最好的收益结局。并且票据到期的时候，如果投资者仍对相关股票相当乐观，他可在获得本金和票息收益的同时，以低于初始股价的价格购入股票。

当然，很多投资者都会非常现实地意识到除了情境2，对情境1和情境3是不能无视的。显而易见，因为收益为正，情境1要好过情境3。如果投资者无论如何都打算持有股票，那么各种角度和可能性我们也都讨论过了，对吗？

典型的股票挂钩票据通常与两种及以上的一篮子股票挂钩，这些股票在股票挂钩票据的票期内的表现不一定总是一样的，而投资者也会更喜欢其中一些，不会对股票篮子里的每只股票的喜好程度一样。即使在情境2中，也经常是一些股票的表现要好于其他股票。表现更好的股票成交价可能高于初始股价，而其他股票的价格可能介于初始股价的95%至100%之间。在情境3中，投资者需要接收的也只是业绩最差的股票，而不是按同等份额买进股票篮子中的所有股票。不管其他股票表现如何，股票篮子中只有业绩最差的那一只会以低于初始股价95%的价格被出售给投资者，记住这一点也非常重要。而在情境1当中，所有股票的价格都涨到高于初始股价，尽管会发生提前赎回，但是这些股票也是能以高于初始股价的价格被交易的。

3种情境都有可能出现投资者最看好的股票的价格涨到初始股价以上，比如初始股价的110%这样的情形。在此时最好的情境下，投资者的收益也仅仅是股票挂钩票据的票息收入。若出现最差的情境，投资者购入业绩最差的股票。如果你是那个投资者，你感觉如何？我保证你的感觉不会好到哪里去，因为你错过了按初始股价买入股票的机会，而现在要为相同的股票付出更多。即便投资的结果是情境2，你获得的票息收入顶多也只是减缓打击，而不能完全消除错失购买股票的良机带来的损失。

这是没有以初始股价购入股票的机会成本。之所以是机会成本，是因为根据投资目标，投资者购买股票挂钩票据的前提是不介意持有股票，所以我们假设以折扣价持股是其投资股票挂钩票据的主要动机。

按美元来计算的话，这一机会成本为投资者偏好的股票的成交价与票息收益之间的差额。按照上面的例子，假设投资者期初看好的股票是华侨银行，而股票挂钩票据到期日华侨银行的收盘价为初始股价的110%，也就是10.36美元，则机会成本为：

［（10.36美元－9.42美元）×投资者期初打算购买的股数］－2 500美元

换言之，即使投资者如愿遇到情境2，他可能仍然因为错失以初始股价购入股票的良机而郁闷不已。

所以何时买入股票挂钩票据，需要审慎考虑。在打电话给你的客户经理之前，你不妨先看看下面的表5.5和表5.6。

- 表5.5的信息是关于做空波动性的股票挂钩票据。
- 表5.6的信息是关于上行参与的股票挂钩票据，有关做多波动性。

注意短期是指起始日期到观察日1之间的期限，而长期是指观察日1和最后一个观察日之间的期限。

表 5.5　单一股票型股票挂钩票据，股价跌至初始价的 95%时取消，涨至初始股价的 103%时提前赎回——该买吗

对股票的看法	长期看跌	长期中立	长期看涨
短期看跌	最佳：到期日获得高票息收益，没有股票交付 最差：股票交付。如果收益很高，或者当你看空且得到验证的时候被交付的股票是你真正想要持有的，那么你在购买这个股票挂钩票据产品之前可考虑购买另一只股票，或者等待股价更低	最佳：到期日获得高票息收益 最差：股票交付。如果你认为股价还会稍微下跌，到期日你可以获得更高的收益；或者你并不是那么悲观，但也不介意被交付股票	最佳：到期日获得高票息收益 最差：到期之前早早出局。你长期比较乐观，但认为短期还会调整；你虽然持乐观态度也暂时倾向于只获得高票息收益而不要交付股票
短期中立	最佳：到期日获得高票息收益 最差：股票交付。你长期看跌但是希望期末获得高票息收益；你虽然看跌但不介意到期被交付股票	最佳：到期日获得高票息收益 最差：如果你是对的，你不会出局或者被交付股票。如果认为股市即将进入极其平稳和沉闷的状态，那么此时买入股票挂钩票据是最佳时机	最佳：两个或更多的观察期获得高票息收益 最差：第二个观察日出局。如果收益很高，或者你对股票长期走势持温和乐观态度，那么提前赎回有很大可能；你虽然看涨但愿意不持有股票

续表

对股票的看法	长期看跌	长期中立	长期看涨
短期看涨	最佳：到期日获得高票息收益 最差：第一个观察日出局，或被交付股票。你如果短期内对股价态度只是温和乐观，可能不希望提前出局；不介意被交付股票	最佳：两个或更多的观察期获得高票息收益 最差：第一个观察日出局。如果收益很高，或者短期内你对股价态度只是温和乐观，所以不希望提前出局；希望高票息收益，尽可能持续多个观察期	最佳：两个或更多的观察期获得高票息收益 最差：第一个观察日出局。如果你的看涨得到验证，只有在收益极高的时候才会迅速出局；考虑买入股票

表5.6　上行参与的单一股票型股票挂钩票据——该买吗

对股票的看法	长期看跌	长期中立	长期看涨
短期看跌	不买。对这只股票坚定看跌的情况下，为什么要买入一只上行参与的股票挂钩票据呢	不买。你完全不看好股票，所以上行参与的股票挂钩票据是不合适的	可能买。如果总体而言你对股票持温和乐观态度，那么这个股票挂钩票据产品是可以买入的，因为股票价格先下跌的话你也没有损失。但是你对股票价格会先下跌如果很有把握，可以考虑等到股价到底的时候再买入股票挂钩票据

续表

对股票的看法	长期看跌	长期中立	长期看涨
短期中立	不买。你完全不看好股票，所以上行参与的股票挂钩票据是不合适的	不买。你完全不看好股票，所以上行参与的股票挂钩票据是不合适的	买。如果长期乐观的观点得到验证，你会从该股票挂钩票据中得到回报
短期看涨	可能买。如果总体而言，你对股票持温和乐观态度，即使长期你是悲观的，也可以入手这个股票挂钩票据产品。不过，如果你确信这只股票的价格长期会下跌，那么可以考虑买入这个股票挂钩票据产品，但是仅限更短的票期	买。如果长期乐观观点得到验证，你会从该股票挂钩票据中得到回报	买。看涨的观点得到验证的时候，你肯定会赚钱。因为坚定看涨，你还可以考虑直接买入相关股票以最大化你的潜在收益

投多大规模

这似乎是一个小问题，很多投资者却理解错误，为什么？原因可能来自以下两个方面。

- 理财中心或私人银行有最低投资额度要求。
- 投资者考虑问题的角度是花多少钱赚更高的利息。

对于第一种情况，多数银行对投资股票挂钩票据都有每单最低 10 万美元的门槛要求，要想投资股票挂钩票据，投资者在这一点上除了达到最低资金额度，别无选择。

至于第二种情况，投资股票挂钩票据的投资者需要首先考虑想要持有相关股票中的哪一只（还记得投资目标吗），而不是考虑花多少钱赚取高票息，因为股票挂钩票据不是定期存款。

在这两种情况下，你都需要自问一个最基本的问题：将 10 万美元投向一只股票，在你的资产组合里是否太多了？答案取决于你财富的总量、你如何多样化你的资产组合和股票组合、你感觉舒适的风险有多大，等等。补充一下，除非你是一个百万富翁，或者是一个非常活跃的投资者或投机者，否则，在一只股票上投入 10 万美元或更多可能会让你感觉不适。所以，如果你陷入情境 3 而被交付股票，你真的愿意持有价值 10 万美元或更多业绩最差的股票吗？如果答案是肯定的，那么没问题。如果不是，你可能需要考虑适合自己的股票挂钩票据的投资规模。

单一股票还是多股票挂钩的票据

在之前的股票挂钩票据例子中，为了叙述方便，我们假设 3 只股票的走势完全一样，这在现实中是不可能发生的。我们要分析与 3 只股票构成的股票篮子挂钩的股票挂钩票据是极其复杂的。复杂性来自 3 只股票的相互关联。而在单一股票的情况下，我们不用考虑股票的相关系数。表 5.7 列出了多股票型可赎回贴现股票挂钩票据的优缺点。

表 5.7　多股票型可赎回贴现股票挂钩票据的优缺点

多股票挂钩的股票挂钩票据的优缺点	建议
优点：赎回发生的可能性小，因为只有当所有相关股票收盘价都高于取消价时才会赎回，投资者出局	说明当股票篮子中的股票不相关或者相关性很小时比较有利
缺点：被交付股票的可能性大，因为只要有一只相关股票价格跌破执行价，投资者就会被交付股票	说明当股票篮子中的股票高度相关时比较有利，因为当一只股票的价格上涨时，其他股票的价格也可能会一起上涨

表 5.7 清楚地表明，无论相关股票是高度相关还是完全无关，是否应该买入一只多股票挂钩的票据都没有非常清晰的答案。

所以如果问题是投资者该买入单一股票还是多股票挂钩的票据，在回答这个问题之前，我们要先重温一下可赎回贴现股票挂钩票据的投资者特征：你很可能对相关股票的长期走势持乐观态度，认为票期（短期）内相关股票价格只会窄幅波动，股价波动近期会更加平稳，并且认为利率回报高到足以补偿所承担的风险。

最清楚的答案在最前面：对相关股票的长期走势持乐观态度，不是一只而是所有股票，如果投资多股票型股票挂钩票据的话。在我们之前挂钩 3 家新加坡银行股的股票挂钩票据的例子中，你必须愿意持有所有 3 只股票，或者至少不抵制持有。如果你不喜欢其中任何一只，那么你就不要买进与这只股票挂钩的股票挂钩票据。

另外，你需要判断每只股票未来的价格区间和波动速度，之后需要考虑的是票息。这是最好决定的部分，你只需要像前面那样比较单一股票和多股票挂钩的股票挂钩票据应支付的利息大小就可以了。你可以像前面那样通过对预期收益进行简单的计算来比较哪种选择更明智。

考虑到个人投资者和高净值人士的处理能力，我个人倾向于选择单一股票型的股票挂钩票据。即便到期日需要交付股票，我也确切地知道我会获得哪一只股票，这种感觉好过一直猜测到底是哪一只。更糟的是，我本来有意持有多只股票中的一只，结果却与所有股票都失之交臂。我个人只有在多股票挂钩的股票挂钩票据的票息收益相对高出很多的情况下，才会选择它。

当情境 3 发生而你获得股票，需要考虑什么

假设你愿意投资最低资金门槛为 10 万美元的股票挂钩票据，但你也的确不愿意在情境 3 发生的时候把 10 万美元或更多的钱都用来购买一只股票，怎么办？这不是说你就不能投资股票挂钩票据了，而是需要事先计划好，当情境 3 发生的时候你要如何降低相关股票的持仓。你得提前打算，不要等到被交付股票的时候才开始考虑。

多数投资者不曾考虑或者未意识到的是，股票是被交付到银行账户的，被代表投资者的“名义账户”所持有。投资者不能委托专业股票经纪人出售这些股票，而只能通过银行的证券经纪部门来出售，并且需要支付更高的佣金。

不过，他们可以和客户经理确认能否将股票移交至新加坡中央存管有限公司（CDP）等托管机构，这样就可以由股票经纪商出售股票。即便投资者有意长期持有全部或部分股票，跟银行确认托管股票的佣金也是必要的。这些费用通常并不明显，但的确增加了第 3 种情境下股票挂钩票据的成本。被交付业绩最差的股票已经让你很不高兴了，雪上加霜的是你发现无论持股还是出售这些股票，都要

额外支付费用。

结论

我们已经谈了购买股票挂钩票据产品之前需要考虑的诸多要素，尽管只涉及最常见的 3 种股票挂钩票据产品的结构，但考虑其他股票挂钩票据产品时的思路也是类似的。投资者没必要通过复杂的模拟过程及数学方程来计算预期收益。对 3 种情境发生的可能性，投资者只需按自己的预测来赋值，然后由此计算预期收益即可。

预期收益是需要考虑的客观要素之一。投资股票挂钩票据涉及各种复杂的情况，容易让投资者迷失其中而忘记投资的目标。为了避免失望，投资者在投资之前需要周全考虑其他各种因素。比如在情境 2 发生的时候，投资者在到期日获得现金，但也可能同时错过持有相关股票的好时机，错失股票价格大涨的机会。

第6章　双币投资

市面上，投资货币（按照普遍的说法，是外汇）有多种方式，最直接的方式是通过银行或交易平台买进一种货币和卖出另一种。本章将重点讨论个人理财和私人银行出售最多的产品之一——双币投资（Dual Currency Investment，简写为DCI）。

对这一产品，不同银行会有不同称谓，比如外汇挂钩投资（Currency Linked Investment，简写为CLI），但基本上都是同一种产品，只稍有不同。本章会统一使用DCI来指代。

任何外汇或货币投资都涉及两种货币，在这一点上，DCI也没什么不同。DCI区别于传统的外汇即期交易，主要在于它不是在起始日就完成一种货币与另一种货币的兑换。在这方面它或许更类似外汇远期交易，只不过在到期日货币是否会兑换取决于事先约定的条件，通常是两种货币的相对表现。简而言之，DCI是一种短期投资产品，投资者获得本金和利息收益，使用基础货币或者按预先约定的汇率兑换成替代货币。

最常见的DCI的形式是投资者投资一种货币（如美元），承诺持有一定期限（通常为1周至6个月），并按约定（通常高于无风险利率）获得利息收益。到期时，投资者获得该种货币的本金加利息的收益，或者将同等金额转换成另一种货币（如英镑）结算，假如后者汇率跌至事先约定的水平以下。DCI通常要求最小投资金额为5万美元。

DCI通常是银行根据投资者的需要定制的个性化产品。投资者决定哪两个币种、期限和一种货币兑换成另一种货币的执行价格，银行根据这些参数决定相应的利率。表6.1为一份DCI的合同。

表6.1　一份DCI的合同

投资金额：100 000美元
基础货币：美元
替代货币：英镑
利息：8%
期限：1个月
现行汇率：1.55（按市场惯例标注，也就是1英镑兑1.55美元）
触发汇率：1.53（即英镑下跌至1英镑兑1.53美元）

估价时点通常为到期日之前的两个工作日，可能出现以下两种情境。

情境1：现行汇率高于触发汇率。

到期日，投资者获得按基础货币也就是美元结算的本金加利息的收益为100 000美元+（100 000美元×8%×1/12）=100 666.67美元。

情境2：现行汇率等于或低于触发汇率。

到期日，投资者获得按替代货币也就是英镑结算的收益，兑换比率为 1.53，投资者会获得 100 666.67 美元/1.53 =65 795.21 英镑。

这种情境下，如果投资者马上将替代货币转换为基础货币，有可能会导致本金损失，这取决于现行的汇率水平。比如，当时即期汇率为 1.5，投资者选择将英镑换成美元，那么他会获得：65 795.21 英镑 ×1.5 =98 692.82 美元。

投资者得到的本金金额低于初始 10 万美元，是亏损的。

投资 DCI 产品之前需要考虑的因素

DCI 是一种相对简单的投资产品，与其他产品相比，投资者需要考虑的因素相对少一些。在我看来，投资者投资 DCI 需要考虑以下几点。

- 关注两种货币的相对波动。
- 考虑利息收益是否足够补偿风险。
- 做好持有替代货币的思想准备，以防它贬值。

要了解两种货币的相对变化以及产品提供的利息回报是否公道，投资者最好对基础货币和替代货币的利率都有所了解。投资者了解了两种货币的利率水平，就可以大致推测产品的利息收益是否合理。更重要的是，通过了解两种货币的利差，投资者可从理论上推测，为了弥补利差，哪种货币更可能走强或走弱。而根据利率平价理论，利率更高的货币相对利率更低的货币会趋于贬值。

于是，投资者会倾向于持有利率更低的货币，长期来看，投资者会得到更高的价值（更高的汇率）补偿。这种观念会在两种货币的远期汇率中有所体现。在我们所举的例子中，只要英镑比美元的零利率略高一点儿，一月期的英镑远期汇率就会跌至1.55以下（比如1.549），以补偿利差。

投资者应该重点关注市场远期汇率，因为它代表了未来某个时点两种货币交易的市场化理论价值。所以投资者在选定触发汇率水平的时候，应以此作为参照，而不是只看当下的即期汇率水平。

从这种产品中，投资者如何才能获得更高的利息收益呢？新加坡某银行发行的一份DCI产品说明如下。

DCI专为追求高收益回报的投资者而设计。银行支付的DCI产品的部分或全部收益代表银行为客户向银行授予的货币期权所支付的差价。

客户向银行授予了什么权限呢？要理解这一点，我们首先要意识到投资者实际上是卖出了相关汇率，本例中是英镑与美元的波动性。这里投资者实际上是卖出了一个货币期权，更确切地说，是看跌取消价为1.53的英镑和看涨美元的期权。出售期权获得差价，从而提高了DCI的收益率。也就是说，购买DCI的同时，投资者认为两种货币的汇率波动性会降低。

投资者投资DCI的主要动机是什么？通常是为了获得更高的收益。除此以外，一些投资者选择通过DCI来表达自己对汇率投资的观点，而不是通过传统的外汇交易账户。尤其是个人投资者并不是非常专业的投资者，所以不愿特意开设独立的外汇交易账户。

那么，投资者如何选择两种货币呢？很多人选择波动性最强的货币，或者他们有强烈倾向的货币，还有一些投资者选择他们有实际需求的货币。如果投资者需要在悉尼偿还抵押贷款，他可能会选择澳元作为两种货币的一种；如果他的孩子在英国上学，则他会更倾向于英镑。这很好理解，因为货币对他们有实际的用途，所以到期日他们并不介意持有替代货币。他们的想法是，如果替代货币下跌，他们就按照之前约定的较低汇率（比如我们所举例子中的1.53）持有该种货币，依然有较高的利息收益，这对他们来说是双赢。即使替代货币不下跌，他们也会收获高利息收益，所以他们认为这种方式简直没有缺点。

这听起来也的确公正合理，除了在现实中，我们眼见很多声称对替代货币有实际需求的投资者，当真正面临按照替代货币结算DCI时，却会选择完全相反的做法。所以在我们上面的例子中，如果英镑兑美元跌至1.53以下，比如1.50时，DCI将使用英镑结算。持有英镑的投资者会再购买一个以英镑作为基础货币、美元作为替代货币、取消价为1.52（即英镑走强，美元走弱）的DCI。假如下个月到期日，英镑相对美元反弹，上涨至1.52以上，比如1.55，DCI会使用美元结算，同时支付高利息，这时情况便回到当初了。

我们来计算一下。对于第二个DCI的例子，我们简单假设利率依然为8%，期限为1个月。到期日的英镑兑美元汇率回到1.55，高于触发汇率的1.52，所以投资者获得美元。投资者在到期日会收到以美元结算的本金和利息，按照1.52的汇率兑换，为［65 795.21英镑+（65 795.21英镑×8%×1/12）］×1.52=100 675.44美元。

在英镑兑美元的汇率从1.55到1.50然后又回到1.55的两个月的波动中，投资者赚到了多少？在我们所举的例子中，投资者赚到675.44美元，转化成年化收益率，约为4.05%。“并不差。”有投资者可能会说。确实，投资者假如足够幸运，正好这两个月中两种货币的汇率一直窄幅波动，理论上投资者就会获得很好的收益。因为投资者是正确的，他卖空波动率而货币窄幅波动的时候，他就能得到很好的回报。假如他重复这种操作，每次两种货币也都如此波动且波幅居于1.50和1.55之间，那么这个时间段投资者可以获得4%以上的平均收益率。

“一切都很好，我可以整年都这么做。”投资者心想。无奈生活从来不会如此容易。如果英镑兑美元的汇率下跌，不止于1.50，而会继续下滑至1.45，怎么办？我们只要看英镑的汇率走势，如图6.1所示，就会发现并不需要什么特别事件的激发，大幅下跌也完全有可能发生。

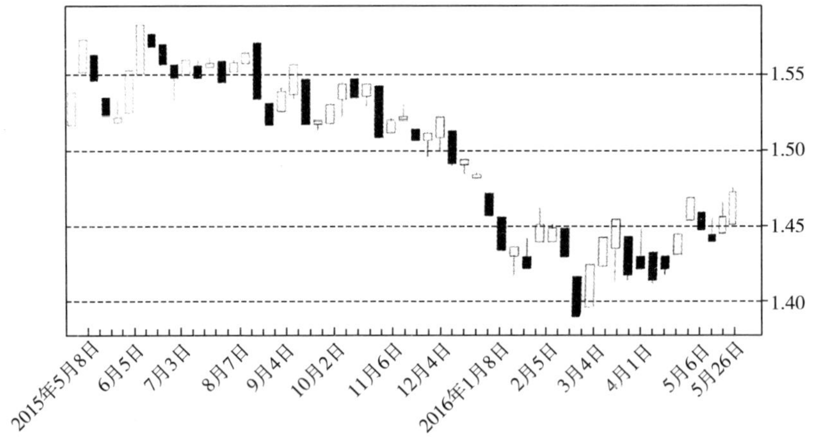

图6.1　英镑兑美元的汇率周线图

在英镑持续下跌的情况下，如果投资者购买DCI的时候选择对调货币对（英镑作为基础货币，美元作为替代货币），由于英镑相对美元走弱，投资者依然会获得英镑结算的收益。当月他会获得较高的利息收益，但是他手里的英镑如果换成美元，会比初始点损失很多。所以，假如投资者对英镑并无潜在需求，他就会面临巨大的损失。

货币可以长期大幅度地朝一个方向运动。图6.2是15年的澳元兑美元的汇率走势，作为DCI产品中一个常被使用的货币对，很好地呈现了这种情形。

图6.2　15年澳元兑美元的汇率走势

现在我们来总结一下购买DCI产品的前提：你倾向于认为基础货币和替代货币的汇率只会窄幅波动，或者波动性最近会小，不介意持有替代货币，并且认为所获得的利息收益足以抵偿所承担的风险。

投资DCI产品之前需要考虑的其他因素

除了前面我们讨论的购买DCI之前投资者需要考虑的因素，这里我们还要讨论其他一些因素。

投资者的本国货币与基础货币一样吗

前面我们为了论述方便，假设投资者已经确定好基础货币，它可能并不是投资者的本国货币。万一投资者的本国，也就是他居住、生活并被他称为家乡的国家与他选择的基础货币的国家不一样呢？这就出现了第三种情况，也就是本国货币与基础货币和替代货币之间有汇率的波动。

如果投资者乐意将财富多元化配置，不管汇率如何波动，都愿意长期持有一部分基础货币，那当然很好。否则，投资者购买 DCI 之前将本国货币兑换成基础货币的那次交易的时间与汇率水平的选择，与购买 DCI 产品本身同样重要。

投资多大规模

要回答这个问题，我们需要了解投资者对替代货币是否有真实的需求。

如果投资者对相关替代货币存在真实需求，那么最好根据这一需求来确定 DCI 的规模。比如，投资者考虑到孩子在伦敦读大学的英镑需求，每年大概需要花费的英镑为学费 18 000 英镑加生活费 20 000英镑，所以他可以用 38 000 英镑或更多，如 59 000 美元投资 DCI 产品。如果他打算为整个 3 ~ 5 年本科的花费提前融资，他可以用 1 年投资规模乘以相应年数来决定投资 DCI 的规模。但无论如何，投资金额太高，比如高达 50 万美元的 DCI 规模肯定远远超出了套期保值的需要，我们将在后面再讨论这一点。

如果投资者对相关替代货币没有实际需求，那么我们可以假设他的目的是通过卖空波动性来提高收益率，从而表达他对相关货币的判断。这种情况下理想的投资规模取决于投资者能够在多大程度上承受损失。需要注意的是，不同于股票，货币的“基本面估值”是不确切的，并不容易。在我看来，汇率是一种最易理解然而最难掌握的工具。我会保守地建议将止损线最高放到20%。比如，你觉得自己可以承受2万美元的投资损失，那么10万美元是DCI合适的初始规模。

到期日替代货币汇率跌至执行价以下，投资者要以替代货币结算。1个月以内的短期DCI通常将执行汇率设定为现行即期汇率的1%～1.5%。投资者判断正确时最好和最差的结果见表6.2。

表6.2　判断正确时出现的最好和最差结果

对替代货币的观点	对替代货币有实际需求	对替代货币没有实际需求
看跌	最好：获得高收益，到期日即期汇率刚好位于执行汇率附近	最好：获得高收益且不以替代货币结算
	最差：以替代货币结算，即期汇率远低于执行汇率。如果收益很高，或者汇率跌至执行汇率时你确实愿意持有替代货币，因为当你看跌的观点被证实，就同时意味着以替代货币结算的可能性很大	最差：以替代货币结算，且即期汇率远低于执行汇率。如果收益很高，或者你认为替代货币的汇率只会略微下跌，并且即使以替代货币结算，你也不介意持有

续表

对替代货币的观点	对替代货币有实际需求	对替代货币没有实际需求
中立	最好：获得高收益，替代货币汇率略微走弱 最差：替代货币略微走强，需要花费更多成本兑换它。如果你认为汇率会走向盘整，那么即使替代货币汇率水平略强于当前即期汇率，你也不介意持有	最好：获得高收益 最差：无。如果你认为汇率会走向盘整，这恰好是投资DCI的绝佳时机
看涨	最好：获得高收益，替代货币的汇率略微走强 最差：替代货币汇率大幅走强，你需要额外支出很多才可以兑换。除非收益极高，否则你还是买入替代货币以改善收益状况	最好：获得高收益 最差：无。如果收益很高，或者你认为替代货币只会温和上涨，那么买入替代货币可能更有利

结论

DCI产品的风险和收益都是清晰可见的。我认为DCI最适合那些对替代货币（或者基础货币，假如基础货币与本国货币不重合的话）有潜在需求的投资者。最糟糕的情况是投资者持有超过实际需要的替代货币，然后在将其兑换成基础货币或者本国货币的时候不得不承担损失。

对替代货币并无实际需求的投资者，可以通过卖空波动性表达他对外汇市场的观点。如果投资者在外汇市场并不活跃，这是可以接受的投资方式。如果投资者是非常活跃和经验丰富的外汇市场的投资者，那么他应该考虑通过银行开设专门的外汇账户或者通过在线的专业外汇交易平台来直接参与外汇即期、远期和期权交易。

第7章　结构性存款

结构性存款（Structured Deposit，简写为SD）是一种结构化的存款产品。投资者通过产品表达他们对一种或多种挂钩资产类别的观点并获得更高的存款利率，这些相关资产类别包括大宗商品、外汇和股权等。如果投资者的观点是正确的，那么他会获得更高的利息收益。如果观点不对，投资者通常会获得本金，但是没有利息收入。

多数国家所发行的结构性存款都有本金保护，不过有些国家也发行非本金保护的结构性存款产品。这种产品适用于激进的投资者，他们愿意在自己判断错误的时候获得比初始金额少的本金，以换取判断正确时更高的利息收益。这种情况下，“存款”一词有使用不当之嫌，因为人们存钱通常不会损失本金，所以我更愿称它为结构化票据或者结构化投资。为了避免混淆，本章只涉及本金受保护的结构性存款的讨论。非本金保护的结构性产品，比如货币挂钩的结构性投资或票据将在其他章节讨论。

结构性存款通常是与某种衍生品挂钩的存款产品，其收益回报取决于相关资产类别的业绩表现。银行可以根据投资者的需求定制结构性存款产品，起始金额通常为 1 万美元，期限通常在 1 个月以上。

结构性存款产品极具灵活性，投资者可以通过它获得更高的利息收益，管理自己的现金流，或者表达自己的投资立场而不会有任何资本损失。本金保护型结构性存款的投资者实际上是通过“投资”他们放在银行的本金获得利息而表达他们的投资观点。如果他们判断正确，会获得奖励，像其他投资一样。如果判断失误，他们要放弃相应期限内他们原本可以获得的利息收益。

市场上的结构性存款产品种类繁多，所以我们不可能涉及所有类别。但万变不离其宗，它们无非是以下几种的演化——赌一定期限内相关资产品种是上涨、下跌和在一定区间内的波动。

不同机构发行的结构性存款产品的名称各不相同。名称不重要，重要的是投资者需要有自己的判断，理解产品的结构，且乐于接受相应的回报和风险特征。

结构性存款的普通变体

下面，我们考察 3 个例子，一是与黄金挂钩的欧洲数字化结构性存款产品，二是与美国标准普尔 500 股票指数挂钩的区间累积结构性存款产品，三是与美元兑日元汇率挂钩的塔式存款产品，分别见表 7.1、表 7.2 和表 7.3。

表 7.1　与黄金挂钩的欧洲数字化结构性存款

相关资产品种	即期黄金价格
基础货币	美元

续表

期限	3 个月
即期价格	1 200
转换价格	1 095
利率	5%
可能情境	
(1) 到期日相关资产价格等于或低于转换价格	投资者获得本金加约定利息收益
(2) 到期日相关资产价格高于转换价格	投资者只获得本金

以上是投资者通过合同，表达他不看好黄金的一个例子。类似地，如果投资者看涨黄金，转换价格就会设定得高。

表 7.2 与美国标准普尔 500 股票指数挂钩的区间累积结构性存款

相关资产品种	美国标准普尔 500 股票指数
基础货币	美元
期限	6 个月
即期价格	2 100
转换区间	1 900 ~ 2 300
利率	6%
可能情境	
(1) 整个合同期内，相关资产点数位于转换区间以内的任何一天	投资者获得当天的约定利息收益
(2) 整个合同期内，相关资产点数位于转换区间以外的任何一天	投资者没有利息收益
(3) 到期日	投资者收到本金和以上两种情形下累积的利息收益

以上是投资者通过合同，表达他对美国股市波动区间的观点的一个例子。在这个区间累积的产品例子中，投资者可能对当下股票

价格是否会超出波动区间并不确定，但他能够大体确定股票价格在结构性存款合同期的多数时间会位于这个区间。

表 7.3　与美元兑日元汇率挂钩的塔式存款

相关资产品种	美元兑日元即期汇率
基础货币	美元
期限	4 个月
即期价格	111
转换区间 1	108～114
转换区间 2	105～117
利率 1	8%
利率 2	4%
可能情境	
（1）如果整个合同期内相关资产价格都在区间 1 内	投资者获得本金加按约定利率 1 计算的利息收益
（2）如果整个合同期内相关资产价格都在区间 2 内	投资者获得本金加按约定利率 2 计算的利息收益
（3）如果合同期内相关资产价格超出转换区间 2	投资者只获得本金

以上是投资者通过合同，表达他对美元兑日元汇率波动区间判断的一个例子。在这个塔式存款产品的例子中，投资者有理由相信美元兑日元的汇率不大可能超出幅度更大的区间 2。如果合同期内美元兑日元汇率只在区间 1 内窄幅波动就更好了，因为投资者会获得最大的利息收益。

如何设计结构性存款产品

在你迫不及待地想要购买结构性存款产品以提高收益率之前，

请问问自己是否知道什么样的产品结构最能表达你的观点。如果答案是确定的，那么你可能是一个老练的投资者，熟悉各种金融工具的结构。而多数人的答案可能是不确定的，所以你最好能听听你的客户经理的建议，和他聊聊以下几点。

- 你所关注的特定资产类别。
- 你所持有的投资观点适用的期限为多久。
- 你对自己的判断有多大把握。
- 如果判断失误，你是否愿意损失部分本金。

基于这些方面的信息，你的客户经理会向你建议合适你的能够体现你的投资观点的方式。第四点非常重要，如果你愿意放弃部分本金，那么客户经理可能向你推荐的是结构化投资或者结构化票据产品，这样你的本金会面临风险。如果你不打算损失任何本金，那么选择一种结构性存款产品即可。

接下来，你要评估推荐给你的结构化存款产品是否准确体现了你的观点，还有利息收益是否足以抵偿你所承担的风险。你不要害怕调整你的转换价格或区间，直到风险—收益水平让你感觉舒适。如果你与不止一家银行有业务关系，也可以充分比较不同银行的产品价格。

为什么要投资结构性存款产品

多数情况下，购买结构性存款的是相对保守的投资者，他们希望提高手头现金的收益率。他们喜欢将结构性存款与定期存款的收益率进行比较，不希望承担太多风险，也不愿意将资金置于风险之下，但是愿意冒失去传统存款利息收益的风险来换取潜在的更大收益。

如果你已经是一个经验丰富的投资者，熟悉各种金融产品，那么这种产品可能并不适合你。你可以通过以下方式来复制这种结构：直接投资金融产品和外汇期权等衍生品来表达自己的投资观点，同时将现金放在传统的存款账户里。结果是差不多的，不同的是你的成本会低一点儿。

结构性存款在多数个人投资者的资产组合里都占有一席之地，因为大部分个人投资者要么不太有经验，要么没有那么多资金可以直接投资有高额交易金额门槛的相关金融产品和衍生品。投资者要是与银行签订一份外汇期权合约，通常需要至少名义价值 10 万美元的投资。作为广泛使用的投资产品，投资者可以将结构性存款作为全部资产配置的一小部分。

投资结构性存款产品之前需要考虑的其他问题

与定期存款类似，结构性存款在到期日至少可以向投资者归还本金。如果需要提前终止结构性存款合约，投资者可能没法得到全部本金，因为提前终止结构性存款合约，涉及提前取消相关金融衍生品。提前终止合同是非常不明智的，这与到提前终止日为止投资者对相关资产的判断是否正确无关，因为几乎可以肯定，机构为了撤回相关衍生品合约所收取的交易费和管理费一定会大于到那一天为止的具体利息收益或价值。而最好的情况是，市场对投资者有利，投资者能够拿回全部本金。

多数投资者只会使用本国货币投资结构性存款产品。如果投资者只是为了投资结构性存款产品而购买外汇，则还需要关注伴随的汇率风险。因为结构性存款不属于高收益率的投资产品，收益率通常为中等水平个位数的百分比（年化收益率），所以再加上汇率风险，是很不合算的。并且合同到期时，货币兑换的风险可能不只是抵消从结构性存款中获得的所有收益，投资者还可能面临本金损失的风险。

结论

市场上的结构化存款产品有很多种，它是一种简单又安全的投资产品。它可以在投资者不承担任何资本损失风险的情况下，帮助投资者提高现金的收益率，唯一的风险是损失潜在的利息收益。因为如此方便，所以结构性存款也在个人投资者的投资组合中占有一席之地。投资者可以考虑将结构性存款与其他现金产品结合起来管理投资组合中的现金流。

第8章　单位信托基金

单位信托基金（Unit Trust）实质上是由专业的基金经理统一管理的一笔钱。购买单位信托基金的投资者的资金会被合起来统一购买一种或多种经过筛选的资产以达到该信托基金的投资目标。单位信托基金有时被称作集合投资计划，或者简称为基金。

市场上有数百种单位信托基金，它们可能投资某种资产或资产组合，也可能投资不同的领域，投资目标也各不相同。单位信托基金的投资目标通常会清晰地描述投资的资产类别、投资策略或投资期限，以及所使用的基准指标。

有些单位信托基金投资宏观主题，有些投资相对较窄的主题，比如制药行业。一些只投资单一国家的债券市场，一些则投资区域性或全球性的企业和政府债券。一些投资货币或现金及现金等价物，一些则投资地产。一些基金施行积极的管理策略，致力于超越基准收益率。一些则只复制基准收益率，施行消极的管理策略。基本上，投资者有什么特定的需求，市场上都有相应的单位信托基金可以满足。

投资者只从投资的资产类别，或者投资的市场或国家是很难对单位信托基金的风险级别进行分类的，因为可变性实在太大。要评估风险，我们大体会从以下几个方面着手。

- 主要资产类别（比如债券、私募股权、现金）。
- 投资的区域（比如一个国家或跨区域、全球范围）。
- 使用的投资工具（比如结构简单的产品或衍生品）。
- 次级资产类别（如果适用，是企业债券还是政府债券）。
- 杠杆（即是否使用杠杆）

表8.1列出了不同种类的单位信托基金的风险和收益状况，注意它只是提供大致的参考，比如主要投资发展中市场政府债券或高收益企业债券的债券型单位信托基金的安全性未必高于投资蓝筹股的基金。原因在于投资高收益公司债券可能使基金面临非常高的信用风险。

表8.1 不同单位信托基金的风险和收益

潜在风险和收益	单位信托基金种类
高	投资领域很窄或者专业领域的投资信托基金 使用杠杆的单位信托基金
中等	投资各种资产类别的平衡型单位信托基金
低	债券型单位信托基金 货币市场单位信托基金

单位信托基金与共同基金有什么不同

与单位信托基金一样，共同基金是将投资者的钱募集起来统一进行专业的投资管理。共同基金起源于美国，与单位信托基金类似。两者微小的区别在于法律结构——国家与国家之间可能会有所不同。将两者视为等价物是明智之举，很多人用单位信托基金指代共同基金，反之亦然。

如何选择单位信托基金

市场上的单位信托基金众多，投资者要如何筛选呢？以下是需要考虑的一些问题。

- 投资目标和期限。
- 选出符合你的投资策略和风险偏好的单位信托基金。
- 选出符合你的投资策略的“最佳”单位信托基金。
- 定期检查单位信托基金的业绩，确保与自己的策略一致。

投资目标和期限

总体上，投资者需要考虑自己是由于收入、退休还是资本收益等原因进行投资，以及投资这项策略需要多长时间。单位信托基金通常更适合投资期限 1 年以上的长期投资者，因为涉及很高的交易费，所以短期交易或者投机是不划算的。

选出符合你的投资策略和风险偏好的单位信托基金

一旦你确定了自己的投资目标和时间期限，就可以着手选择符合自己投资策略和风险偏好的单位信托基金了。比如，你是年轻人，没有短期的收入需要，投资目标是期望获得长期（5 年以上）的资本收益，那么增长型的股权基金可能会适合你。

如果你是相对保守的投资者并且希望投资债券，那么债券型单位信托基金会是理想的选择，因为基金经理会投资多样化的债券组合，这是单个个人投资者仅凭少量资金没法做到的。

如果你认为近期的股票和债券估值过高，可能会把钱投向货币市场的共同基金，同时等待投资债券或股权型私人信托基金的最佳时机。

选出符合你的投资策略的“最佳”单位信托基金

现在，你可以开始搜寻符合你需要的产品，怎样才能选出符合自己投资者策略的“最佳”单位信托基金呢？到底什么才算“最佳”呢？

所有单位信托基金都会给出警示“过去的成绩不能预示未来的业绩”，但显然这并不能阻止投资者将相关基金的历史业绩做比较。一些投资者会更倾向于选择新近历史业绩更好的基金，另一些则信奉“均值回归”，会选择历史记录良好的信誉度高的基金管理人的产品。他们相信在经过一轮相对低迷的行情之后，这些人的业绩表现极有可能会超过市场的平均表现。投资者在单位信托基金的选择上没有对错之分，很大程度上取决于投资者的风险偏好和对基金管理人的信心。

客观存在且具有可比性的是不同基金公司所收取的费用，包括以下几个部分。

- 管理费：单位信托基金和普通基金一样，由专业的基金管理人进行管理，所以投资者需要向基金经理支付管理基金的费用。这笔费用就是单位信托基金的管理费，费率通常在0.5%至2%之间，这也是单位信托基金管理者收取的主要费用。
- 托管费：这是基金托管人为基金资产提供保管服务所收取的年费，费率通常在0.1%至0.15%之间。
- 其他费用：如行政费、拍卖费等。与管理费相比，这些费用通常都不算高。

虽然多数基金的业绩都是扣除费用的，但投资者还是有必要了解基金管理者会收取哪些费用，因为这些费用是与基金经理业绩无关的固定成本，对于施行消极管理策略的基金而言尤其重要。为了便于比较不同单位信托基金，多数情况下我们都可以查阅已公布的单位信托基金的费用比率。这一比率是在管基金的运营费用与资产均值的比率。由于运营费用需要从单位信托基金的资产价值里扣除，所以一个很高的费用比率表示基金的运营成本很高，从而降低了投资收益率。投资者只要快速比较不同基金的费用比率，就可以大概了解基金运营的相对成本。

除了基金收取的费用，单位信托基金的分销商也会收取部分费用，包括以下几种。

销售费：投资者倾向于通过银行、投资中介或者线上投资平台购买基金。这些代理机构出售单位信托基金是有成本的，它们通过收取销售费来补偿这部分成本。销售成本有时被称作“前端收费”，费率通常从0.1%到5%那么高，所以投资者最好做足功课搜寻费率低的销售机构。

赎回费：一些单位信托基金在投资者出售基金的时候会收取费用，这笔费用有时被称作“后端收费”。一般收取很高的前端销售费的代理商不会再收取赎回费，但这完全是不确定的。有些单位信托基金为了“奖励”长期持有基金的投资者，会随着时间逐步降低赎回费，持有时间足够长的话，如3年以上，有时会低至零。

转换费：大部分基金公司都同时管理着多个不同的单位信托基金，如果投资者选择从其中一只转到同一公司旗下另一只基金，通常不需要再支付赎回费和销售费，只需支付一笔转换费即可。转换费有鼓励投资者跟随同一个基金经理的意思，它的费率通常低于1%。

定期检查单位信托基金的业绩，确保与自己的策略一致

当你选好单位信托基金并投资时，你的工作并没有完成。单位信托基金并不是由你自己直接管理，所以你需要额外花时间定期监管基金业绩，确保它符合预期。单位信托基金的表现与你对相关资产类别的判断一致当然是最理想的。如果出现与投资目标严重不符的异常回撤，投资者则需要格外谨慎地做尽职调查，据此决定是否继续持有该基金产品。

为了避免相关的高交易成本，投资者要将改变基金选择的可能

降到最低。与单一股票型投资不同，投资者投资单位信托基金更需要一些耐心。基金经理对组合中的资产进行较大调整，或者你改变了自己的投资组合或策略，这些时候都是你重新检视手中持有的基金组合及资产类别的好时机。通过检视，你可以决定是否继续持有它们。

为什么要投资单位信托基金

大部分投资者会考虑单位信托基金，主要出于以下一个或多个原因。

一是不知道如何直接投资某个资产类别——他们通常是投资新手，没有太多的投资经验。

二是直接投资需要做“太多工作”——他们通常是忙碌的职场人士，不会或没有时间“选股”。

三是没有足够投资特定资产类别的资金——他们通常是懂行的人，看好某一资产类别，比如债券，但同时发现自己打算用于该项投资的金额太小而不能进入，或者由于金额太小不能很好地实现多样化投资。

四是缺乏接触相关资产类别的途径——他们通常是经验丰富的投资者，想要进入某个“封闭”的资产类别或者国家。他们会寻求通过单位信托基金进入渠道，比如通过在岸业务。

五是更加青睐专业的基金管理者——这些人可能包括新手和经验老到的投资者，他们只是单纯地认为专业的基金管理者更有可能做得更好。

前面已经讨论过，投资者在投资前必须考虑投资目标、投资期限和投资策略，并在挑选具体的基金时考虑成本和业绩表现。投资单位信托基金之前，你需要问自己的最重要的问题是：如果我自己做投资，可以比投资基金的业绩更好吗？

如果你投资单位信托基金的原因是上述的一、二或者五，并且打定主意坚持这种方式，那么你着手选择合适的基金进行投资吧。

如果你投资的原因是三，那么你是否考虑过其他的投资方式？比如，你特别想投资港股，或许可以考虑选择与恒生指数（Hang Seng Index）挂钩的ETF进行投资。

如果你投资的原因是四，你可能已经想好了替代方案，我没有更多补充的。不过，你仍需考虑突然进入那个市场是否会影响你的投资策略和现金流。比如在发展中市场不时会发生资本管制，你的资本可能被困，难以变现进行投资。

投资单位信托基金之前需要考虑的其他问题

投资者选择单位信托基金投资时常忽视的一个问题是货币风险。如果基金以本国货币以外的另一种货币计价，投资者显然会面临汇率风险。如果基金的计价货币是本国货币，投资者就一定不会面临汇率风险吗？如果单位信托基金投资外国资产，投资者还会面临汇率风险吗？

当单位信托基金投资外国资产而另一种基础货币作为计价货币，汇率风险是存在的。不存在直接的汇率风险的唯一情形，是基金投资的资产类别仅限于使用基金的本国货币计价。汇率风险是基金经理和投资者都容易忽视的问题。基金经理往往对按本国货币表示的收益率关注更多，而将基础货币或美元表示的收益率留待某个“他人”去处理。一些基金公司专设了外汇经理，负责对该公司所有基金或单位信托基金面临的外汇风险进行套期保值，而另一些则根本不会针对外汇风险进行对冲操作，理由是汇率长期会“均值回归”。由于基础货币与投资货币的汇率变化，两种货币计价的投资收益率可能存在巨大差别。我们来看简化版的没有对冲汇率风险的单位信托基金的一个例子。

2014 年 7 月，一位美国投资者购买了以美元计价的单位信托基金，目标是跑赢日本基准股票指数即日经 225 指数。当时美元兑日元为 100，日经 225 指数为 15 620 点。1 年以后的 2015 年 7 月，日经 225 指数上涨至 20 585，升幅为惊人的 31. 8%。我们现在假设单位信托基金的表现正好与日经 225 一样好，按照当地货币也就是日元计算，单位信托基金的收益率为 31. 8%。如果投资者现在想要收回投资，他会得到多少？2015 年 7 月的美元兑日元约为 123，也就是同期日元贬值了 23%，而理论上投资经理需要将资本从日元换成美元再返还给投资者。投资者得到的是以美元计价的资产，于是发现按照美元计价，他的收益率仅约为 7%，原因并非是日元贬值。所以单位信托基金的投资者本来以为他购买的是以本国货币美元作为基础货币的基金，所以不会有汇率风险。但即便他对日本股票走势的判断正确，他以美元计价的收益率却仅约为 7%！假如单位信托基金有套期保值制度并正确对冲货币风险，美元计价的收益率会高于 7%。

这个例子表明投资者在做选择的时候，单位信托基金是否使用对冲策略是需要重点考虑的因素之一。需要特别强调的是，只要基金投资外国资产，投资者就会面临汇率风险。即便该基金的基础货币为本国货币，情况也是如此，因为基金可能会投资国外资产。

结论

投资单位信托基金看起来简单，实则并不容易。市场上存在大量可供选择的基金，到底选择哪一只常常是一个烧脑的问题。投资者如果不清楚自己的投资策略就贸然做出选择，很可能得到次优的基金。而相对较高的交易成本也意味着投资者犯错的高昂代价。投资者必须清楚自己为什么选择投资单位信托基金，并且不会因为高昂的费用、基金的业绩差，或者策略失误而后悔不已。

一旦确定好投资策略，单位信托基金是一种快速简便的投资方式，所以很受新手投资者欢迎。资深投资者知道如何更好地利用单位信托基金，他们或者选择看好的基金管理人的产品，或者在进入目标领域或国家受限的时候通过单位信托基金获得正当的投资渠道。常常被忽略的重要因素是外汇风险，这一因素有时是一只杰出基金区别于一只好基金的关键因素。

第9章　保险

保险这个词在世界上某些地方是不受欢迎的。尤其在老一辈人那里，这个词简直是禁忌，连谈论都不可以，因为保险总是与死亡或不幸的事，比如受伤或住院联系在一起。随着全球范围内大众教育水平的提高，保险被越来越广泛地理解和接受，尤其是在亚洲国家。

保险是针对某个特定事件提供保障的操作，这个事件可能与生命或财产相关，也可能无关。除了通常针对生命与财产安全所提供的保障，保险还可以用于防范公司债务或产品违约，或者保障无形资产的价值。比如，信用违约互换（Credit Default Swap，简写为CDS）就是在金融市场上交易的一种用于防范发行债券的国家或企业违约的产品。从严格意义上讲，它不算是一种保险产品，但起着相似的作用：买方支付保险费，当特定的风险事件发生，他会收到赔付金。

本章将主要从投资和遗产规划的角度，重点讨论个人投资者通常会使用的人寿保险以及与人寿保险相关的保险产品。我们将不会涉及医疗保险、完全及永久残疾险、家庭险、旅游险和车险等险种。

人寿保险的种类

人寿保险产品通常包括以下几种。

- 终身保险。
- 定期寿险。
- 养老保险。
- 投资连结保险。
- 万能寿险保单。

以上保险都在受保人去世时进行赔付。除了定期寿险保单，固定到期日的保单常被作为一种强制储蓄计划，并且万一受保人在到期日之前离世，这个保单还能发挥作用。至于那些只在受保人离世才进行赔付的保单，通常是被用于遗产规划，受益人是家属。值得一提的是支付保费的人不一定是受保人，尽管多数核保人都要求两者有某种关系。

为了迎合不同的需求，以上险种都有各自的特点。不同保险公司的产品差别很小，它们可以通过附加险以及叠加其他选项来满足客户的各种需求。最常用的附加险包括重大疾病险和完全及永久残疾险。医疗保险绝对很重要，因为全球范围内的医疗成本都处在上升中，所以一份附加了这种保险条款的保单一定也不便宜。

考虑到我们的讨论目的，主要是了解最主要的产品类型，所以我们下面将逐一讨论这些产品的主要特征。

终身寿险

这种保险是人们为了防范死亡所购买的最常见的险种。产品结构很直接：投保人按月、季度或者年度支付保费，持续一定年限或者直到死亡，当受保人死亡的时候，保险公司会支付一笔“死亡抚恤金”。

终身寿险通常从第四年开始增加“现金价值”，现金价值是投保人决定终止保单时可以提现的金额。有时投保人可能愿意继续持有保单，但是需要现金应急。这种情况下，投保人可以按一定利息出借保单的现金价值，这通常比从银行贷款要更加优惠。假设保单已经“付清”，投保人依然可以使用该保单的累计现金价值支付未来年限的保费，而不用支出自己的现金。

大部分终身寿险在投保人持续支付 12 ~ 15 年以后，其现金价值才会超过所支付的全部保费。保险合同的前 3 年通常是没有现金价值的，因为终身寿险的各种开支以及分销和销售成本都很高，初始 3 年的保险金中相当大一部分是用于补偿这些成本的。通常 15 年以上的终身寿险才开始产生比较可观的收益，因为补偿最初 3 年的成本需要相当长的时间。所以投资者持有终身寿险的时间越长，才更有可能在整个合同存续期获得较高的年化收益率。换句话说，如果投资者不想长期持有终身寿险，那么也不要将其作为储蓄工具进行投资。

如果受保人去世时保单还在有效期内，那么死亡抚恤金将会被支付给指定受益人，这种情况下的终身寿险主要起遗产的作用。

定期寿险

定期保单（我们讨论寿险的时候它就是定期寿险保单）是一定期限内有效的保单，期限通常为 10 年、15 年、20 年、25 年或者 30 年。如果受保人的寿命超出了保险期限，那么指定受益人将不会得到赔付。保险期限是定期寿险保单与终身寿险保单最大的不同点。

第二个不同点在于定期保单比终身保单便宜很多，因为定期保单不累积现金价值，所以定期保单为生命或其“获利潜力”提供了便宜和有效的保障。如果投保人还很年轻，由于经济实力不够或者其他方面有花钱的需求，可能无法负担终身寿险的高昂保费，但是他仍想购买寿险，以确保自己万一发生不幸，亲人们可以得到补偿，那么定期寿险是一个好选择。

接下来的问题是，如果你能够负担终身保险，那么该买终身寿险，还是买定期寿险，将省下来的保费拿来投资呢？答案取决于保险公司的投资团队提供的收益高还是自己投资的收益高。之前我们已经讨论过终身寿险的年化收益率是随时间递增的，所以你持有的保险合同的时间越短，你越有可能通过自己投资获得相对更高的收益。比较两种方式收益率的方法很多，但显然这相当困难，因为两种收益数据分属两套体系。大体上，20 年以上的寿险保单的年化收益率可以达到 4% 以上，所以这 20 年如果你考虑自己投资，那么你的投资年化收益率需要超过 4% 才有必要自己投资。

养老保险

养老保险是一种有固定期限且有定期存款和投资功能的人寿保险。它通常会规定有效期内的保底和非保底收益，合同于到期日或者受保人去世时清算，这取决于哪种情况先发生，期限通常从 10 年至 30 年不等。养老保险可视为一份有生命保障功能的强制存款计划。

养老保险最常见的种类是分红型养老保险，它会定期进行固定分红或返还性分红且可以保全本金，除此以外，合同到期还会发放数额不等的终期红利以鼓励持续持有。

由于养老保险的储蓄性质，它通常用于投资者出于特定的目的需要储蓄的时候。比如，有人可能会在孩子出生时购买一份 18 年期的养老保险计划，作为孩子到海外上大学的教育储蓄。如果受保人在合同到期前不幸去世，孩子的教育基金将按照合同规定以死亡抚恤金的形式支付。

养老保险通常不会投资高风险产品，所以它的期末价值相对稳定，当然这是在没有发生严重的市场风险的情况下。收益率根据期限而有所不同——投保人持有保单的期限越长，预期收益率就越高。原因与终身寿险的情况类似，补偿相关的成本和费用需要花一些时间。实际投资收益率取决于市场行情以及基金经理的能力。投资回报状况也与终身寿险的情形类似，所以投保人通常持有养老保单 15 年以上有望获得可观的收益率。

养老保险与终身寿险的主要不同在于保费缴纳的年限和金额不同。养老保险缴纳保费的年限短一些，所以投保人如果要获得近似金额的死亡抚恤金，保费就会高出很多。

投资连结保险

投资连结保险有很多名称，简称ILP，常用的名称包括投资连结保险计划书和单位连结保险计划书。这些产品的共同点在于它们都是由一份保险计划书和一份投资选择权构成，期权可能投资包括股票、债券和货币市场的共同基金在内的多种资产类别。市场上有大量不同的ILP，可完美满足不同的需求。常见的变量包括单一保费还是定期保费、定期还是终身、投资产品的选择，以及在基金之间切换的可能。

ILP与养老保险非常相似，近年来随着人们的经验日益丰富以及需求日益多样化，两种产品间的界限也更加模糊。两者之间的区别主要在于ILP的持有者可以自己决定投资何种资产以及何时投资，所以ILP合同的持有者会投资保险公司管理的某只或者多只基金，并可以根据自己的判断在这些产品之间切换。例如，当受保人相对年轻，他可以将80%的资金投资股权基金，将20%的投资债券基金。当他年纪大一些，他可以逐渐将更多的资金投向债券基金。在保险公司内部进行基金的转换通常花费很少或者完全免费，所以该产品在储蓄功能之外还是表达投资者观点的一种好方式，同时还具有生命保障的功能。

万能寿险

万能寿险，简称UL，是终身寿险的一个品种。其主要特征是投保人可以灵活决定保费的金额、现金价值，以及保险金额。在保单期限内，投保人有时也可以根据需要对保单进行调整。保单成本和其他费用每月从保费里扣除，同时加上现金价值产生的利息收益。这个利息的利率是合同规定的最低利率，目前为 2%（从 20 世纪 80 年代的 4% 跌至现在的水平），很可能会跌到更低，这是考虑我们目前所处的低利率环境。但是要注意，即使利率只有 2%，也不能保证保单的现金价值会一直增长，因为保单成本及费用可能超过这个最低比率的利息。UL 和终身寿险的一个主要区别在于，UL 持有者可将利息收益用于支付保费。

万能寿险随着时间在不断演化。早期它受欢迎的原因主要在于保单所支付的利息部分享有税收优惠，如今这一优惠已经随着时间逐渐淡化，在不同国家之间也日渐差异化。

UL 可分为趸缴保费 UL 和期缴保费 UL。趸缴近年来总体上更受欢迎，原因在于投资者可以通过杠杆借贷支付保费。例如，一份受保人为 45 岁的男性、保额为 100 万美元的 UL 保单可能需要支付 30 万美元的保费。除了提前支付 30 万美元，投保人还可以将这份 UL 合同作为抵押来融资，比如用 70% 即 21 万美元来购买。他只需支付这笔贷款的利息，而无须偿还利息加本金。由于这种融资特点，投保人实际上只需提前支付 9 万美元就可以享有 100 万美元的保额，他使用了 10 倍多的杠杆。当他去世的时候，保险公司首先会扣除贷款方欠下的金额，然后向保险受益人支付余款。在这种情况下，假设死亡抚恤金为 100 万美元，受益人有望获得 79 万美元，为初始保费的 8.8 倍，回报非常可观。

考虑到可通过 UL 获得高杠杆，富有人士或者高净值人士倾向于使用 UL 作为地产规划工具。UL 颇具灵活性，有时也被作为一种替代性投资品。但几乎只有富有的人士才会使用这种产品，主要原因在于它的最低保额很高，通常在 50 万美元以上，所以将大部分普通人拒之门外。

几种主要的人寿保险见表 9. 1。

哪种人寿保险能够满足你的需要

现在我们已经讨论过常见的人寿保险的种类，那么选择哪一种呢？答案显然取决于你的需求以及保险的用处。以下是你需要问自己的问题。

- 你购买保险的目标是什么？
- 你购买保险的期限是多久？
- 哪些保单符合你的需求及你的风险偏好？

当你回答了以上问题，你就能够更好地筛选出与自己的投资策略和需求相匹配的保单了。

你购买保险的目标是什么

这个问题看起来不重要而实则不然。你要问自己购买保险主要是为了为生命提供保障，为了追求保单的投资回报，还是两者都有。以下是 3 种可能的答案。

表 9.1 主要的人寿保险

	终身寿险	定期寿险	养老保险	投资连结保险	万能寿险
保费	固定	固定的较低保费，或者初始金额很低，之后随年龄增长，保费再续期并增加，但续期不一定能保证	固定	趸缴或固定，或者由保单持有人决定增加还是减少	趸缴或者可灵活选择；由于最低保额很高，所以保费的绝对金额也很高
保险期限	终身，通常 100 年封顶	期限固定，通常至少在法定退休年龄以前都是可更新的	固定期限	固定期限或终身（通常 100 年为限）	终身，通常 120 年封顶
投资基金选择权	无，由保险公司决定	不适用	无，由保险公司决定	有	保单持有人初始决定投资传统债券还是联结型产品，此后不得变更
死亡利益	设最低保证金额，差异取决于保险公司投资收益的不同（参与计划）	有保证；持有者可选择增减	设最低保证金额；差异取决于保险公司投资收益的不同（参与计划）	通常保证净资产价值或者保费的 105%，取更高的一个	由于现金价值波动，可能没法保证；差异取决于投资回报的不同

续表

	终身寿险	定期寿险	养老保险	投资连结保险	万能寿险
现金价值	设最低保证金额，随潜在投资业绩波动	无	设最低保证金额，随潜在投资业绩波动	随所选择的投资基金业绩波动	通常设最低保证利率，随潜在投资业绩波动
现金价值增长	保险公司根据自己投资组合的业绩来决定最低保证现金价值的数额和分红	无现金价值	保险公司根据自己投资组合的业绩来决定最低保证现金价值的数额和分红	取决于所选基金的投资业绩	保险公司根据公司的利息收益决定现金价值的结算利率

只是为生命提供保障，无其他投资性目的

如果这是你的答案，那解决办法也非常简单直接：买一份定期寿险就可以。它的保费不贵且性价比很不错，你所支付的每 1 美元保费都可以得到最大的相应保额。

为生命提供保障，并追求投资回报

这种情况下，你可能需要更加仔细地考量哪种保单更适合自己。这个决定很大程度上取决于你愿意定期支付多少保费、你喜欢按照何种活跃程度来管理自己的投资组合，以及你需要多大的灵活性。你可以参照表 9.1 中保单的比较，有助于缩小选择的范围。

通常来说，如果你是刚参加工作的年轻人，手头余钱不多，终身保险或者养老保险可能都不适合你。如果你有一些投资经验并且急于表达自己的投资观点，那么连结保险或许是合适的选择。而对年纪稍长、收入稳定，正在考虑投资和地产规划的投资者，万能寿险或许是合适的选择。

只追求投资回报

如果这是你的唯一目标而完全不考虑生命保障的需要，那么你或许可以考虑其他产品类别。虽然有些保险公司的确也会提供养老保险等单纯的投资或储蓄的保单，但通常销售佣金、分销费及其他成本都很高。这会使得持有保单头几年的收益率与单位信托或 ETF

等单纯的投资产品的相比更低。如果你仍然没有打消买保险的念头，那么购买之前一定要仔细考察保险公司提供的有保证和无保证的收益数据。

你购买保险的期限是多久

这个问题与之前关于投资目标的问题关系密切，这里仍然有3个可能的答案。

短期（小于12年）

定期保单可能是最佳选择，这里几乎没有考虑你投资或购买保险的目标，原因很简单，如果目标是追求投资回报，那么购买期限这么“短”（从保险的角度）的保险产品实在是一个糟糕的决策。原因在于产生现金价值的保单头3年会收取高额分销成本和其他费用，通常需要12~15年时间才可以实现损益平衡。所以如果你只打算短期持有，那么最好选择不产生现金价值的保单，比如定期保单。

长期（12~30年）

这种情况下，你可以选择市场上不同的人寿保险产品，甚至包括终身保险和万能寿险。这些产品适合的原因是它们在保单的生命周期内都会累积现金价值，如果有必要，投保人还可以提前终止合同。如果在购买终身保险或万能寿险的初期，你就认为自己有很大可能会提前终止合同，请仔细考虑这么做需要支付的成本和罚金（如果有的话），并将预期现金价值的保底和不保底的份额与定期保单的情况进行对比。就如同保险说明书通常陈述的那样，终身保险意味着长期承诺，所以签订合同前投保人务必三思。

终身

显然，这种情况下终身寿险和万能寿险是适用的。有些保险公司发行的投资连结保险有终身持有的选项。如果终身是你购买保险和投资的期限，你应该不是为了自己的利益，而是想通过购买保险作为遗产留给受益人，或者通过遗产规划使后代受益。因此，除了预期投资回报之外，最重要的考虑应该是保险公司的可靠度与可信度，你肯定不愿投资一家还不及你长寿的公司。

哪些保单符合你的需求及你的风险偏好

基于对前述问题的回答，现在你可以将选择范围缩小至一两种保险品种了。你所需要的常规保险品种在不同的保险公司都有不同的产品，每一种都与其他产品略有不同，所以要进行比较并不容易。大部分保单的确都会按照保险监管机构的规定使用标准化的最大收益率，显然这并不意味着确实会产生那么高的收益率，但这种标准收益率方便投资者对不同保险公司的产品进行比较。保单之间的小差别以及附加条款的不同增加了产品比较和决策的难度。此时，你需要清楚了解自己的风险偏好，同时可以参考以下内容。

你要询问保险公司最近的投资收益率，判断它未来是否可能继续保持之前的业绩。

如果未来预期收益率差不多，你可以比较不同保单的保底现金价值。这种比较会对保险公司的成本与费用提供清晰的参照对象。

如果你认为可能会提前终止合同，那么很重要的一点是比较那一年（假设15～20年以后）的保底和不保底的现金价值，以了解特定年限以后现金价值是否有大幅上升的潜力——这是一些保险公司给忠诚持有的客户的特别奖励。你还要了解，提前撤销或终止合同是否会收取罚金，这也很重要。

你要比较保费，尽力使保额和投资回报最大化。

你不要被华而不实的卖点分散注意力，除非那些对你确实很重要。你要聚焦关键点——保额、期限、保费以及收益（现金价值），其他任何东西与之相比都是次要的。

经过你的调查和比较，你可能会将选择的范围缩小至一两个产品。我的最后一条建议，也是很多人都会忘记的重要一点：确保在不同保险公司之间分散你的投资。我们曾在金融危机的时候见到一些保险公司比另一些受损严重。假设你所有的保单都属于受损最严重的保险公司，你感觉如何？你肯定不会愉快。所以自我保护的要点之一就是确保你有不止一份保单，并且在不同保险公司购买，以分散风险。

到底买哪一种

读到现在，你大概意识到购买人寿保险的必要以及何种保单适合自己。但高昂的保险成本可能让你止步于此，毕竟有那么多花钱的需求。

其实，人寿保险到底有什么作用呢？保险代理人会告诉你，人寿保险其实是在保障你的收入潜力，万一你发生了不幸，你的受益人依然可以得到照顾。要计算保险金的数额，保险代理人需要推算你相应时间的生活成本和你的收入潜力，预测未来你供养家庭或者退休生活需要花费的金额。毫无疑问，得出的数值会大到超过多数人的经济承受能力。要获得上述数额的保险金，投保人需要预支一大笔钱以支付保费，而这个时候投保人可能尚处于职业初期而无力承担这笔费用。所以年轻人在面对较多的物质需求和各种各样的投资机会时，要如何才能平衡保障需求和对现金的迫切需要呢？

最便宜的获得高保障的方式是定期保单，但定期保单不产生现金价值，所以很多人不愿意购买，他们认为这就像将钱“付诸流水”。这也许是对的，谁愿意年纪轻轻就去世然后得到保险收益呢？保单就是保险单，是起保险作用的。你通常并不会希望投保的情形变成现实，但万一发生了，你至少可以获得全部或部分补偿。这是一个很难的卖点，尤其是现在支付的钱相比将来可能获得的钱更加珍贵的时候，并且将来获得钱的人或许也不会是本人。但如果投保人是在认真考虑保护自己的收益潜力和至爱的人，那么保险对他达成目标就至关重要。

有些人不愿意保费付诸东流，他们对具有“强制保险”功能的保单接受程度略高一些，所以附带现金价值的保单对这些人会更有吸引力。不过，产生现金价值的保单比定期保单会贵很多，所以年轻人最常见的选择是两者的结合，买定期保险，再买终身寿险、养老保险或者投资连结保险。这已经可以提供一些保障，所以是一个好的开始。

随着年纪渐长，你的物质和投资需求已经逐渐得到满足，你可能会购买其他种类的人寿保险。当你进入收入非常稳健的阶段，比如40多岁，你可能还会考虑购买万能寿险。

大部分人超过55岁，会发现很难再购买任何保险，因为这个年纪意味着很高的保费，所以保单的死亡利益的杠杆效应也不再那么明显。

以上是我们在不同人生阶段与人寿保险相遇的典型过程和情形。

你需要投多少保险金

这个问题的答案与其说是科学，不如说是艺术。投多少保险金取决于多个变量，且这些变量随时间改变。其中一些变量包括有几个孩子，他们上大学需要花费多少，抵押贷款共有多少以及余款还有多少，你和孩子的生活方式，生活成本，等等。你会发现以上所有问题都没有现成的答案，并且每个问题又取决于一系列其他条件，而所有问题都随时间变化。

从退休规划的角度粗略估算，你大概需要最后年薪5～10倍的一笔钱。显然，这个需求不一定全部来自保单的现金价值，也可能来自多年来通过其他投资方式和储蓄的积累。在很多国家，只有不到50%的劳动人口会购买人寿保险。我推测购买保险的大部分都是为了供养亲人，而不是为自己购买。也就是说，其中大部分人都不需要依靠人寿保险的现金价值来保障自己退休以后的生活。

第10章是关于资产配置的讨论，我会阐述如何投资和规划未来。其中我将不会涉及保险这一资产类别，因为它完全没有流动性，且需要相当长的时间（大于12年）才能产生正向收益。我认为更保险的做法是将保险作为一种备选方案而不是将其直接当成投资品。理想的情况是你并不需要依靠保单收益支持退休以后的生活，而只是将其作为投资计划失败的一种保障。

如果你同意以上观点，那么你需要的保险金和保单类别应该能为抚养孩子提供保障，同时，产生的现金价值可作为自己的退休基金的补充或保障。考虑到这些需求，我会建议你购买将定期保单和产生现金价值的保单结合起来的产品。

保费优先还是保额优先

理想情况下，我们会有足够的现金购买保险，同时使保险金和现金价值都达到最优的程度。但现实生活中我们常常受限于资金不足而难以同时满足各种需要，所以我们是先考虑投保金额（保额优先），还是先考虑筹集多少钱用于购买保险产品（保费优先），决定了我们会购买何种定期保单和现金价值保单的结合产品。

保额优先

如果保险金对你而言更重要，那么你需要确定具体需要多少金额，优先分配资金投足够的保险金。你可以从定期保单开始，评估能够提供所需保险金的定期保单需要多少保费。如果保费在你的支付能力范围之内，或者少于你原本打算用于购买保险的金额，那么你可以将一部分现金转到产生现金价值的产品上，或者将购买保险的现金余额用于其他的储蓄或投资的产品。需要注意，在保险金优先的情形下，投保人不大可能通过保单获取很多储蓄或投资的收益。

保费优先

这种情况下，你需要先决定配置多少钱用于购买保险，然后决定其中多少用于定期保单，多少用于现金价值保单，所以保额就取决于两种保险的组合。我的建议是根据受保人的年龄来调整保单的组合，见表9.2

表9.2　相应年龄的保单组合

受保人的年龄	定期保单	产生现金价值的保单
30岁以下	50%	50%
30~40岁	40%	60%
40岁以上	30%	70%

推荐的分配方案考虑了受保人在不同生命和职业阶段的收入和自由现金流的限制，这是一个很实用的分配方案，充分权衡了保额与投资、储蓄两方面的需求。随着受保人年龄的增长和在财务方面更加自由，他将有能力支付更多的保费及提高产生现金价值保单的份额。

结论

人们通常不把保险产品当作投资品，在关于投资的书里保险也通常不属于重要的论题。但保险仍然是一种相当受欢迎的个人投资品，并且由于一些保单能够积累现金价值，所以我们有必要涵盖并完善与之相关的讨论。与投资品一样，保单种类繁多，粗略可以分为定期保单和产生现金价值的保单两大类。产生现金价值的保单也可视作长期投资产品，原因在于保单持有人可以选择到期之前终止合约和提取现金，当然大部分保险公司都不鼓励这种做法。

选择人寿保险产品之前，你需要清楚自己的目的与期限。如果你购买了不止一种保险产品，要考虑在不同保险公司分散购买。为了平衡对生命保障和投资性现金价值的需求，我建议组合购买定期保单与产生现金价值的保单，这样你可以在享有一定生命保障的同时积累现金价值。

人寿保险对于遗产规划也非常重要，但是人寿保单有漫长的合同期限，长期才能实现收支平衡，并且完全不具有流动性，所以从投资的角度，我们可以考虑更佳的选择。

第三部分

整合

第 10 章　资产配置

你可能从财务报表或者财务规划当中看到过资产配置，它是不是看起来复杂而有点儿吓人？很多人认为自己还没有“富”到需要考虑资产配置的程度，并且认为资产配置是百万富翁和大规模资金拥有者的专属领域。这里我想要消除资产配置只与有钱人或“大人物”有关的观点，并让大家明了任何持有投资性资金的个人其实都需要具备资产配置的意识，需要了解并懂得如何对自己有利的资产进行配置。

资产配置，简称 AA，是投资者如何将财富或者投资资金在不同投资单元或资产类别之间进行合理分配的一种计划或者策略，目的是帮助投资者满足其投资需求的同时平衡收益和风险。即使只有 10 万美元可用于投资，投资者也需要考虑将这笔钱投到哪里。开始考虑的时间越早、投资者越年轻，他今后的资产增值就越有可能踏上稳健的快车道。

大部分关于资产配置的文献都局限于 3 种最广泛使用的资产类

别——债券、股票和现金产品。在现实的投资世界里还有很多其他资产类别可进行多样化的资产配置，本章我们将对其中一种实物财产，即广为人知的房地产进行讨论。

为了避免混淆，本章的讨论仅限于投资性现金的资产配置，包括投资性的实物财产，但不包括自住的房产，也不包括投入养老金的部分，因为年金直到退休才可以支取。每个国家都有其独特的养老金计划，有些国家的计划甚至允许个人将缴纳的资金用于购买房地产，投资股票或者共同基金等。不过，由于基金的投资回报在个人到退休年龄之前大都不能转化成现金和作为收入使用，所以为了简化论述，我们也不会对它进行具体讨论。

类似地，终身寿险或养老保险常被用于养老规划，或者用于特定目的，比如孩子的教育基金。这些保单通常有 18 年甚至更长的期限，有些只在受保人去世时才一次性付清保险金。比如到期付清基金的养老保险，在孩子年满 18 岁的时候才会支付，以作为孩子的第三级教育基金，这种保单更像一种强制储蓄计划。类似的还有终身寿险，只有在受保人去世（假设投保人并不想兑换累积的现金）时才会付清保险金，所产生的现金流只会让下一代或者受益人受惠。这些会突然产生大量现金流的“强制储蓄计划”有它们的用途，但通常它们很难被囊括进一个相对积极的 AA 战略里。在第 9 章关于保险的讨论中，我提到我个人更愿意将保险产品作为“备用计划”，我的意思是我不会将保险产品放到个人的 AA 战略里。万一我资产配置的收益低于预期，这些保单还可以作为备份补偿我的需求。

不同资产类别

到目前为止，你应该已经非常清楚可供投资的领域，那么从哪里开始呢？大部分理财规划师都会先问以下这些问题。

- 年龄。
- 家庭结构。
- 收入。
- 风险偏好或者耐受度。
- 投资期限。
- 投资目标。

初始阶段的这些问题非常重要，你千万不要对它们嗤之以鼻。尽管它们很枯燥，但为了合理地进行理财规划，考虑这些问题是极其重要和必需的。现在我不会问你这些问题，但我希望你会花点儿时间考虑它们。这些问题最好是在面对面的情况下交流——每个人的情况不同，各自所处的环境也不一样。

谨慎使用在线自助平台，这种平台声称只通过询问一些简单的问题就可以帮助你生成资产配置计划。任何推荐都可能完全不适合或非常适合你的需求，因为这种推荐在很大程度上是普遍适用的。但资产配置最好是一个反复确认的过程，同时兼顾自上而下和自下而上两种角度。本章我们会详细讨论这两种观点。

现在我会从分析最普通的资产配置理念开始，帮助你更好地理解这方面的内容，你可能已经听到资产管理顾问或者财务规划师经常提起以下理念。

- “年轻和处于上升期的时候，可多投资股票类高风险产品”。
- “如果已近退休年纪，以投资债券类低风险产品为主”。

这些简单的理念需要牢记于内心深处，背后的原因非常清楚：你越年轻，在追求资产增值的过程中你能够承受的风险也越大。即使短期内判断失误，你也有足够的时间调整。而当你已经达到或接近退休的年纪，你可能已经没有足够的时间等到下一个市场反弹的周期到来。

这些理念很棒，但知道了这些你就可以立刻开始行动了吗？其实这些理念对于大部分个人投资者而言都有点儿高高在上，难以实施。比如，你可能在1年以后需要一笔现金供女儿上大学，而大概10年以后你就会退休，你需要为此做规划。所以面对即将到来的现金需求和相对长期的退休计划，你该如何权衡呢？眼下及将来的投资计划要如何安排呢？现在手头正在进行的投资项目要怎样处理呢？如果将自住的房子也视作一项投资呢？

房地产作为资产类别的地位正在日趋显著，在亚洲尤其受到投资者欢迎，原因在于亚洲人习惯买房自住。除此之外，亚洲人还喜欢通过投资房地产来实现资本保值、对冲通胀、财富增值，获得租金收入并作为遗产留给下一代。无论是出于何种理由投资，房地产投资按照资金的数额来看都是很高的，按照占全部可投资资金的百分比来看也不可能只占很小的份额（比如30万美元投资总额的10%只有3万美元，在大部分发达国家都是不够投资房地产的，因为那些国家的房地产首付至少占总价的 20% ~30%），当然如果投资者有数百万美元可投资资金，则另当别论。

前面我们提到不会将自住房产作为一种投资，当然我也承认，自住房产可以被“货币化”，比如我们有时会选择“降级”——换一个更小的公寓匀出资金以备退休之用。有些人可能会这样计划，但就像保险一样，我更倾向于把它当作一个备份。我不推荐从一开始就做这种计划，因为房子降级会导致生活质量下降。但是假如资产配置的收益率低于预期，将自住房产货币化则是一个可能的安全网。

现金被当作确保投资者流动性需要得到满足的平衡项目，它最简单的形式是活期账户或定期账户中的现金。根据对收入和流动性的需要，我们可以通过承担一点儿风险和牺牲一点儿流动性来提高现金或现金等价物的收益。

其他资产类别，更受经验丰富和喜欢冒险的投资者的喜欢。主要的两种是外汇和大宗商品。被整合进结构化投资产品的外汇是最受欢迎的个人投资品之一，它也可以单独交易，但是高杠杆带来的风险也高得多。大宗商品包括从黄金到橘子汁的很多东西，近年来吸引了很多关注，原因在于中国经济的快速增长和商品消费力的增强。由于大宗商品的复杂性，大部分个人投资者都不具备投资的条件。最常见的大宗商品是黄金，它也是常被放进结构化投资产品中的品种。

尽管外汇和大宗商品广受个人投资者欢迎，属于常见的交易品种，但它们同时也是高投机性的产品，投资者不要在个人资产配置中给予太高的比重，所以本章我们的讨论也会略过这两种资产类别。

对于坚持持有它们的那部分经验丰富的活跃投资者，我的建议是拿出资产总额的很小一部分，比如不超过3%的比重，来参与交易。还有一种方案是从“现金”中拿出一部分来进行外汇和大宗商品的交易。

其他相对不常用的资产类别，比如私募股权和另类投资对富有的投资者更有意义。私募股权是对没有公开上市的一类股权的统称，这也是该称谓的由来。它们通常是指创业公司或者互联网时代的网络公司。如今这一概念的使用更加广泛，包括未公开上市的各种企业——从小微创业企业到即将在交易所公开上市的大型“独角兽”企业。

另类投资，有时被称为对冲基金，是和共同基金类似的将资金集中起来进行投资管理的一种资产类别。两者的不同主要在于对冲基金通常进行高杠杆交易，复杂程度更高，常使用多空策略，而多数共同基金只使用多头策略。所以对冲基金除了可以持有股票等资产，还可以为了卖空而借入不属于自己的股票，这种操作叫做空。理论上无论市场涨跌，对冲基金都可以实现获利，所以对于通常只采取多头策略的基金，它是很好的“对冲”风险的方式。

投资私募股权和对冲基金通常需要支出10万美元或更多的资本，这将大部分个人投资者都拒之门外。与公共股票和单位信托基金相比，它们的风险通常高很多，但高风险也意味着潜在的高收益。考虑到这些，除了超级富有的高净值人士，我建议投资者的私募股权和对冲基金在资产配置中的比重不要超过10%。

资产配置不仅可以用来做养老规划，还可用于规划资产以实现增值或者对现金的需求，即使尚处于职业生涯初期的投资者也可以使用。也就是说，仅在开始工作赚第一笔钱的时候，投资者就可以拥有一份资产配置计划，之后随着年龄增长逐步调整，一直到将来用作养老和遗产规划。

考虑到很多投资者都希望将房产纳入自己的资产配置，我们设计了包含房产的不同资产配置组合，使投资者了解如何将资产配置理念付诸实践。

资产配置计划的例子

每个个体都不尽相同，所以在尝试制订资产配置计划的时候，了解每个人的特殊需求并调整计划非常重要。由于没有一对一面谈的机会，我只能介绍一下制订一份资产配置计划需要遵循什么样的思路。

我将讨论 3 种不同情境下的资产配置计划。它们绝不是资产配置的“模板”，且与“模板”没有任何关系，它们只是 3 种特定的个人面临的情境。重要的是理解制订这些资产配置计划时的思维过程，然后针对自己的特定情况灵活运用，并记得在制订自己的计划的时候咨询一下理财顾问。我们会根据以下 3 种具体情境来制订资产配置计划。

- 20 多岁或者 30 岁出头，事业处于上升期的年轻人。
- 30 多岁、40 多岁，或者 50 岁出头，已经工作了很多年，接近退休或自己想要“做点儿自己的事情”的人。

- 55 岁以上的退休人士，或者财务自由，是时候“退休”“做一些真正想要做的事情”的人。

我会针对每种情境逐一简略介绍所推荐的资产配置计划。至于与每种资产类别相关的详细讨论，请参阅前面与之对应的章节。

计划 1：20 多岁或者 30 岁出头，事业处于上升期的年轻人

这种年纪的人通常对现金的需求会很大。你工作做得很不错，几年下来已经升职了好几次，且未来几年有望在公司获得更高的职位。你期待着以下一件或多件事情的发生：组建一个家庭、买一套房子，或者买一辆车子。所有这些都意味着迫切的现金需求。

要是缺乏合理的建议，这些需求就可能导致极端的“杠铃”行为：一头是单纯存钱，把钱存到银行的定期存款账户，赚取稳定但是很低的收益率；另一头是为了尽快赚取高收益，一路高歌猛进地将余钱拿来投资（甚至不惜杠杆借贷）。显然，这是两种极端的行为方式，分别代表了保守和激进的投资者。

这里不存在正确或者错误的投资模式，如何投资取决于投资者个人的风险偏好，重要的是他能够承受多大的损失。只有投资者选择的资产组合与他的风险偏好、投资目标不相符的时候，投资才是错误的。除了杠铃两端的投资方式，投资者还有中间的路线可以选择。下面的例子是一个折中的方式，既可以满足年轻人的典型需要，也不用承担过度的风险。相应的配置计划见表 10.1。

表 10.1　30 岁年轻专业人士的 10 万美元资产配置计划

资产类别	配置	备注
股票	70%	强调增长率；很高的比重意味着在下一个牛市可能扭亏为盈
债券	25%	确保一些平衡及资本保全
房地产	0%	朝着拥有这项资产继续努力
现金及现金等价物	5%	由于工资足够应付日常开支，只保持极小的现金比例

这个例子里，作为一个 30 岁的职场专业人士，稳定的收入让你可以每月存下几千美元。未来 3 到 5 年，你有望买下一套公寓自住，或者可能会结婚。你已经存下 10 万美元，为了获取更高的回报以备支付房子的抵押贷款，你愿意承担一定的风险。

这个资产组合倾向于实现迅速增值，所以在股票上配置了较高的比重；为了确保一定程度的收入稳定性，配置了 25% 的债券；考虑到这样的年轻人的短期流动性需求有限，所以只保留了 5% 的现金。

计划 2:30 多岁、40 多岁，或者 50 岁出头，已经工作了很多年，接近退休或自己想要“做点儿自己的事情”的人

这个例子中的你 45 岁，已在职场上打拼超过 20 年。你住在 30 多岁时买下的一套公寓里，薪水足够满足自己和家庭的需要。这些年你已经有了一些积蓄，也有了一些投资股票等资产的经验。工资除去每月开支可以存下 25% ~ 30%，所以你没有迫切的现金需求。你的债务仅限于自住公寓的抵押贷款和车子的贷款，这些开支使用

部分工资足以支付。

尽管目前你仍在工作，但你需要一份投资计划，帮助你在未来10年左右的时间里使30万美元的储蓄实现增值，以早日实现财务自由。相应的配置计划见表10.2。

表10.2　45岁专业人士的30万美元资产配置计划

资产类别	配置	备注
股票	45%	很高的比重，以期获得极高的长期收益
债券	20%	确保一些平衡及资本保全
房地产	30%	通过投资性房地产获得资本性收益并对冲通胀
现金及现金等价物	5%	由于工资足够应付日常开支，只保持极小的现金比例

通常，一个人达到或接近自己事业和收入巅峰的时候，每月现金或流动性的需求会很小，这是投资缺乏流动性的房地产的大好时机。由于可投资金额只有30万美元，所以很小的比重是不够投资房地产的。比如将30万美元的30%配置到房地产投资，那么额度为9万美元，只够支付总价为25万~45万美元的一套小公寓的首付。购买何种投资性房地产取决于租金收益率、抵押贷款月供的金额等因素。

至于债券和现金，总共分配25%的比重可以平衡整个资产组合的风险，也有助于应对投资组合中房地产和股票出现的异常波动。

计划3:55岁以上的退休人士，或者财务自由，是时候“退休”“做一些真正想要做的事情”的人

你的事业很成功，现在到了60岁的年纪，即将从工作中退出，可以做点儿自己想做的生意，或者享受悠闲自在的生活。你的储蓄颇丰，并且遵循严格的投资策略将手头多余的资金进行投资，多年来你已经有了100万美元。你居住的房子已付完全款，每月不再有固定的工资，但是每月都能从养老金计划里获得一笔年金。这笔年金一般远不足以应对每月最低的生活开支，所以每个月你还需要一笔补充收入以维持之前的生活水平。生命科学的进步使得现今的人类更加长寿，而你至少活到85岁才会完全花光储蓄。相应的配置计划见表10.3。

表10.3　60岁“退休”人士的100万美元资产配置计划

资产类别	配置	备注
股票	30%	适当的、以期获得极高长期收益的比重
债券	30%	确保一些平衡及资本保全
房地产	30%	通过投资性房地产获得资本性收益，对冲通胀及获得收入
现金及现金等价物	10%	为医疗等紧急情况以及每月开销提供现金流

在债券和股票上各配置30%的比重意味着组合中有超过一半的资本投资于流动性相对好的公开上市投资工具。这种配置很重要，因为30%的比重在房地产上，而房地产是高度缺乏流动性的资产类别，任何的价格下跌都可能需要很长时间才会反弹。考虑到投资者

的年龄，将资金过多集中于房地产并不是明智之举。另外，100 万美元的 30% 也就是 30 万美元，如果全部投到一处房地产上，将是一笔为数不小且风险相当集中的投资。

如果你在 45 岁时购入了当时价值 40 万美元的一处房地产，经过 20 多年按每年 3% 左右的利息还款付息，你还掉的钱差不多为初始房价的 75% 或者 30 万美元，正好是我建议的投资组合的 30% 。假设你买下房地产以后，房价每年上涨 3% ，那么它现在的涨幅总共为 55% ，即涨到 62. 3 万美元。与初始购入的 40 万美元总价相比，价值的上涨似乎并不是很多。但是，你别忘了，15 年前你只花了 9 万美元在这处房地产上。如果拿 22. 3 万美元的收益与 9 万美元进行比较，则意味着你的初始投资涨到了原来的近 2. 5 倍。即使将收益与这些年的支出总额 30 万美元进行比较，收益率也不可小觑。不知你是否意识到收益增幅如此巨大的原因——抵押贷款实际上在房地产投资中起到了杠杆的作用!

你可能注意到以上关于房地产的讨论，我只考虑了这些年来你总共支出了多少金额（30 万美元），而没有考虑当前的市场价值（62. 3 万美元），因为我选择的是相对保守的一种算法。更激进的做法是按照市场估值的方法，使用更加合理的房价上涨比率来计算房产当前的价值。由于房贷杠杆的使用，市价估值的方法会增加资产配置模型的波动性，并且如果你想在短期内把资本抽离房地产这种非流动资产类别，可能需要承担大幅的损失。

由于你现在没有固定的工资收入，所以配置在现金上的比重可以提高到 10% 。虽然你会收到养老金计划里的年金，但看病等需要使用现金的紧急情况会更加出乎意料地出现，且金额更高、更集中。

以上 3 个例子提供了进行资产配置计划可以参考的思维方法。即便在组合中加进了房地产，你依然会发现基本的理念是平衡风险与收益、流动性与非流动性，并确保满足对现金流的需求。

自上而下还是自下而上

前面你见到的是一种自上而下的资产配置方式，因为我们是基于个人的年龄和收入能力等情况来考虑适合哪些资产类别的。当我们具体要将一个资产配置计划付诸实践的时候，还会遇到很多难题。比如，在股票方面，我们具体要买哪一种股票——蓝筹股、成长股还是投机性股票？涉及债券，我们是买政府债券还是企业债券？至于现金，我们是否有不需要牺牲太多流动性就可以提高收益的方法？问题还有很多。

自上而下的资产配置计划为你决定投资的资产大类，而每种资产大类下具体的二类资产的选择仍然主要取决于你的风险偏好和需求，这就需要进行自下而上的资产配置分析。

你自下而上分析的时候，我们从考虑投资目标和现金流需求开始，接着在每个资产大类下选择可能符合需求的二类资产。常见的情况是我们设定的现金和流动性需求目标过高而难以满足。当这种情况发生的时候，我们可能需要调整资产大类下的二类资产的组合，甚至需要略微调整资产大类的比重，但要确保最后的资产配置组合仍符合投资者的风险偏好。

这是个不断反复的过程，最好在专业人士或资深的理财顾问指导下完成，如果经过反复调整也未能达成符合投资者现金和流动性需求的资产配置计划，那么大多是由于设定的需求标准过高，和/或可投资资金不够充足。这种情况下投资者需要早早意识到，没办法制订一个资产配置计划既能满足需求，又与风险偏好相匹配，就必须降低相应预期。这非常重要，因为只有这样，投资者才会给予投资组合符合实际的预期，并对未来的计划早日做出调整。这可能意味着投资者终于意识到他需要5年而不是3年才能买得起他喜欢的车，或者他计划的退休需要从63岁而不是58岁开始。现在就知道这些并为此做出长远规划，好过事到临头才手忙脚乱地应对。

为了说明这个计划的迭代过程，我们拓展一下45岁的那个例子，看看如何达到目标。

在与45岁的李先生交谈的过程中，我们得到以下额外的信息。李先生每月去除养老金和税金以后的净工资为1.4万美元。他已婚，有一个10岁的孩子，太太是家庭主妇。

李先生和他的家人住在他30多岁时购置的一套公寓里。公寓目前市价70万美元，李先生未偿付的房贷有25万美元。未来20年他需要支付月供1.3万美元。他有一辆家用轿车，车子的月供为700美元。这一数额至少在未来10年是保持不变的，之后当车贷完全付清，李先生可能会换一辆新车。除以上两笔固定金额的贷款开支，李先生家庭的每月开支大概为8 000美元，所以李先生将每月工资余下的4 000美元进行储蓄和投资。

李先生希望55岁的时候能够“退休”，做点儿自己真正喜欢的事情。由于他选择退出职场的年龄是55岁，早于法定退休的年龄，所以他到时候只有有能力维持现在的生活才可以真正退休。他希望靠投资组合产生的收入能够维持生活，而不用花费组合中的资本，因为他不知道55岁退休以后他会活多久。所以他要知道自己的组合需要多少资本，还有要如何进行资产配置以达到自己的目标。

我们计算一下。为了只将焦点集中于这一自下而上的资产配置过程，而不要为了准确性而分散注意力，我们简单假设：李先生未来10年的净收入维持不变，并且不存在通货膨胀。如果李先生想要退休，并且依靠投资组合的收益生活，那么10年后他的投资组合需要至少产生每月1万美元的收益以支付房贷、车贷以及生活开支，也就是每年要有12万美元的投资收益。

为了获得那么高的投资年收益，到时候他需要一个年收益率为12%的100万美元的投资组合，或者年收益率为6%的200万美元的投资组合，显然还存在其他可能的组合，但现在这种组合对比是一种快速“安检”的方式——基于已有经验，我们发现12%的年收益率可能不是很现实，而6%听起来是可能实现的目标。可是李先生现在只有30万美元，要在10年后拥有200万美元似乎是不可能完成的任务。所以我们的目标资产规模会设定在100万到200万美元之间的某个金额。这样我们就确定了大致的目标和挑战。现在我们集中考虑的是如何让李先生的30万美元资产10年后增值到接近200万美元。我们再来计算一下。

如果未来10年我们可以使30万美元的投资组合产生8%的年收益率，那么一年以后30万美元会变成32.4万美元。同时李先生当年的储蓄为4 000美元×12年，也就是4.8万美元。每年投资组合都会增加这笔资金，所以第1年年末他的组合规模为37.2万美元。

如果我们继续计算，第2年年末，他的投资组合的总规模将会是449 769美元，第3年年末是533 741美元，第4年年末是624 440美元，第5年年末是722 395美元，第6年年末是828 187美元，第7年年末是942 442美元，第8年年末是1 065 837美元，第9年年末是1 199 104美元，第10年年末是1 343 032美元。

如果我们构建一个年增长率为8%的30万美元的投资组合，加上他每年坚持不懈储蓄4.8万美元投进组合，那么10年以后他的投资组合将会增加至130万美元以上！完全不差，但是足够支持李先生的退休计划吗？这取决于他退休以后可以从投资组合中获得多高的收益率。我们假设第10年年末李先生退休时，投资组合继续按8%的年收益率产生现金收入供李先生开支，那么每年可供他支出的现金为107 443美元，与他预期需要的12万美元相当接近了。

现在，我们来看是否有可能帮助李先生进行资产配置，以从组合中获得高于8%的收益率。我们之前所做的自上而下的投资组合方案见表10.4。

表10.4　自上而下的投资组合

资产类别	配置	备注
股票	45%	很高的比重，以期获得极高的长期收益
债券	20%	确保一些平衡及资本保全
房地产	30%	通过投资性房地产获得资本性收益并对冲通胀
现金及现金等价物	5%	由于工资足够应付日常开支，只保持极小的比例

现在，我们主要关注如何从资产配置中获得高于8%的收益率，并考察李先生为了获得收益需要承担何种风险。自上而下是在各种资产类别长期平均收益率的范围内考虑存在哪些可能性，我们可基

于表 10. 5 中资产大类收益率的状况来继续构建组合。

表 10. 5　资产大类收益率

资产类别	配置	预期收益率	总收益率	备注
股票	45%	12%	5. 4%	股票收益率的范围很大，从稳定的蓝筹股到波动剧烈的成长型股票。我们需要选择高收益率的股票以期获得 8% 以上的目标收益率
债券	20%	5%	1%	债券收益率通常从政府债券的 2% 到次级垃圾债券的 10% 以上。我们选择平衡型的债券组合
房地产	30%	6%	1. 8%	我们保守地假设将投资性房地产用于出租，而租金刚好足够支付按揭的利息部分。已投资资本每年获得 6% 的资本增值。假设房地产总价已付清 33%，那么考虑到房贷杠杆，每年房地产 2% 的升值就相当于已投资资本获得了 6% 的收益率
现金及现金等价物	5%	2%	0. 1%	现金和货币市场工具需要产生 2% 的年收益率
总预期收益率			8. 3%	

这个自上而下的资产配置计划看起来能够产生 8. 3% 的年预期收益率，但为了获得这样的收益率，在每个资产大类下我们要具体选择什么二类资产呢？李先生能够承受伴随的风险吗？现在我们来自

下而上地逐一考察每个资产大类。

股票

为了获得12%的目标收益率，我们需要相对激进的成长型股票组合。通过考察不同类型股票的历史收益率，一个可能的组合是80%的成长股加上20%的防御型蓝筹股。这种比重分配是否能产生12%的预期收益率，取决于投资的市场。专业的理财顾问会考察历史数据，并结合他自己和你对未来全球股市的看法来给出建议。如果为了达到收益目标，我们需要投资海外市场，还需要同时考虑汇率对收益率的影响。

决定了投资哪个市场和领域之后，我们接下来就要考虑在哪个领域购买股票、交易型开放式指数基金还是共同基金。在已选资产类别下具体投资什么以及投资多少又是一个不断修正的过程，需要确保最终结果符合投资者的风险偏好。

债券

在当前低收益率的环境下要获得5%的收益率不是一件容易的事，这意味着需要承担更大的风险，而债券的风险主要来自两个方面——信用和期限。因为李先生没有短期的流动性需求，所以理论上他可以购买期限长收益率高的债券产品。但是他必须考虑到利率水平已经低无可低，如果利率回升，则意味着债券价格会下跌。同时，由于政府债券不能达到相对较高的预期收益，所以李先生还必须购买风险较高的企业债券。

如果李先生有渠道可以购买本国发行或者以本币计价的小面值零售债券或债券型 ETF，那么资产可以如下配置：80% 份额投入 3 至 5 年期的投资级 ETF 或企业债券，20% 份额投入期限为 5 年及以上的政府债券或 ETF。

如果 ETF 和零售债券不容易购买，李先生可以考虑购买共同基金。很多共同基金都将大部分资金投资于投资级企业债券，并将小部分（小于 30%）资金投资于高收益债券（即垃圾债券）以提高整体收益率。这类共同基金通常会将投资于垃圾债券的比重限定到很低，所以有助于李先生分散投资风险。

房地产

对于大部分人来说，购买投资性房地产通常是一生中除购买自住房地产之外的第二大投资。就像购买自住房地产一样，投资性房地产同样需要投资者非常谨慎地选择地段、规模、价格范围等。投资者在决定投资之前还要清楚自己的财务状况，确定贷款金额、偿还贷款的年限，以及最合适的贷款利率。房地产是交易成本很高的需要长期持续投入的一种资产类别，所以不要急于求成，因为犯错的成本很高。

本例中的李先生希望把房子租出去以部分偿还每月的贷款，所以他需要在易于出租的地段选购房子。我向他推荐了一处总价约 45 万美元的房子，首付 20%，剩下八成贷款，期限 20 年。如果房贷利率为 3%，那么每月需还款 2 000 美元。如果房子出租后，李先生每月有 800 美元净租金（扣除服务费、物业管理费以及税收等），那么余下的

1 200美元需要从李先生每月 4 000 美元储蓄中扣除，刚好占比为 30% 。

这与我们的资产配置计划刚好吻合，而且是一个可持续的还款计划。李先生可以根据房子首付的条件、房贷期限和利率，以及潜在租金收益等因素来调整目标房地产的价格区间。假设李先生购买的房地产没有租金收入，如购买的是期房，3 年后才会交房，那么他可能需要购买总价低一些的房子，这样他按照计划拿出可投资资金的 30% 供房子，在前几年才是足够的。

按照我们的假设，李先生首付两成房款，剩下八成贷款，那么杠杆为5 倍，所以房价每年 1. 2% 的涨幅就意味着可投资资金有 6% 的收益率。房价每年上涨 1. 2% 听起来很容易达成，并且可能是相当保守的估计。

现金和现金等价物

前面讨论的具体配置计划都是关于中长期的投资，我们还需要持有一部分现金或者现金类的产品以保证意外情况下的流动性需求。

我建议将这部分资本的 30% ~40% 存进活期储蓄账户，其余的存进定期或结构性存款账户。大多数银行都设有支付小额利息的储蓄账户，可在这类账户中留够余额以备不时之需。剩余的现金可以存入定期存款账户或者低风险的保护本金的结构性存款账户，并通过分散到期日来提高资金的流动性。

改进资产配置计划

现在我们已经有了一个完整的资产配置计划，就连执行这个计划需要的具体工具都有了。但投资者通常都有自己的喜好，比如李先生的风险偏好是怎样的？他最喜欢哪些投资工具？与资产配置计划所建议的匹配吗？李先生对这个计划满意吗？他是否有理由相信所承担的风险会同时让他有很大的机会能够获得目标收益率，并实现最终的投资目标？这一点其实是最关键的，因为李先生首先需要接受这个计划，这个计划才可能发挥作用。

如果我们的投资组合未来10年确实能够按照预期产生8.3%的年收益率，那么第10年年末李先生的资产规模会增长至1 371 235美元。如果10年以后投资组合能够继续产生8.3%的收益率，那么李先生每年将获得113 813美元可支配收入，与他12万美元的目标非常接近！

此时，李先生需要意识到这些都是基于历史经验，按照最好的情况所给出的预期收益。而事情很少完全按照计划发生，所以10年以后他的资产组合规模可能更大或更小。由于目前这个资产配置计划10年后产生的预期年收益低于李先生的目标收入12万美元，所以他需要做一些取舍，他需要考虑的问题包括以下几个。

- 资产配置中的资产大类和选择的二类资产是否符合我的喜好？
- 我要提高组合中高风险资产的比重以提高收益率，还是风险程度已经过高，要考虑降低此类资产的比重？
- 我要考虑改变每年12万美元的目标/预期收益吗？

理财规划师此时要做的工作，是根据李先生对这些问题的回答，对资产配置计划进行调整。这时主要是自下而上的角度，同时不断自上而下地进行交叉检验，看计划是否符合李先生的具体情况，以及风险偏好与收益预期是否匹配。

如果经过调整，现有的风险偏好下仍然不能实现预期收益，这种情况下理财规划师可以建议投资者降低预期收益或对未来规划进行调整，而不是给出一份超出他的风险承受能力的资产配置计划。

另一种可能是考虑投资者是否有“备份”计划，比如之前我们提到的产生现金价值的保险单以及住房条件降级等。确实有必要的时候，这些因素可以纳入资产配置计划，同时强调这是备选计划，尽可能不要这么做。

回顾资产配置计划

资产配置计划并非一劳永逸的静止计划，不是做一次就可以等到10年以后再讨论。资产配置计划是一个需要定期回顾的“活”计划，回顾的目的是确保这个计划仍然适合当下的情况，与投资者所处的环境以及全球经济的大环境要相符合，每季度到半年简要回顾市场和业绩状况，每两年至两年半就计划的有效性做中期评估，每5年到8年做一次全面回顾。

对资产配置计划进行回顾是很重要的工作，因为我们所处的世界瞬息万变。我们需要保持耐心，让我们的投资组合运行足够的时间来产生业绩，但如果宏观经济状况已发生明显转变，我们也没必要固守已经不合时宜的计划。我们个人的条件也是在不断变化的，比如个人的财政状况变得紧张或者职位上升，这时候都需要重新审视资产配置计划，调整以适应新情况。

战略性还是战术性资产配置

使用资产配置计划的基金公司通常同时进行战略性资产配置计划和战术性资产配置计划。两种资产配置计划的组织方式不同，战略性资产配置计划倾向于进行长期的资产配置，通常远多于一年；战术性资产配置计划则是围绕战略性资产配置计划进行战术性操作，是频繁进行的。

从个人投资者的角度，战略性资产配置计划就好比 5 年规划。这个 5 年规划类似我们前面为 45 岁的李先生所做的资产配置计划。经过数次迭代，我们最终得到一份可供李先生执行的计划，通常他会在可行范围内尽快实施这份计划。

然而在现实生活中，要快速实施一份资产配置计划并不容易，尤其是其中涉及房地产等非流动性资产的时候。这种情况下，如果实施计划的初期阶段还有一份战术性资产配置计划来提供具体指导，是很好的。比如李先生需要根据购买投资性房产的时间，决定是将钱放进货币市场基金、定期存款、现金，还是其他流动性稍微差一些的资产类别，如股票或债券等。

战术性资产配置计划也可被用来表达投资者对市场的短期观点，同时维持战略性资产配置计划不变。比如李先生认为美国的经济周期即将逆转，而美国股市上的科技股估值过高，他可以选择获利了结，并将投资转移到安全性更高的公用事业股。但这显然是投机行为，除了经验非常丰富的投资者，对于大部分个人投资者，我们都不建议这样操作。战术性资产配置计划最好用于短期头寸的调整，而不是出于投机的原因。当个人投资者考虑进行短期调整的时候，很重要的一点是牢记战略性资产配置计划所设定的内容，同时知道自己正在进行的只是短期行为。并且在执行任何短期战术性资产配置计划之前，投资者都需要制订周详的计划，先将组合内的资产进行调整和再组合，使之与战略性资产配置计划相符。我们最不愿见到的事情，是一个短线交易演变成一个长期的战略性资产配置计划，因为明明是一笔糟糕的投资而投资者不愿意止损！

结论

资产配置是一个很大的主题，但不需要太复杂。每个拥有投资性资金的个人都应该制订资产配置计划，无论投资者多大岁数。资产配置计划可以简单到只包括一两种资产类别，或者复杂到你想要的程度，可以包括外汇、大宗商品、另类投资以及私募股权。最重要的是，要具备资产配置的意识、制订计划并执行，直到获得与个人的风险偏好和需求相应的投资回报。

针对资产配置，大部分有关自上而下方法的文献都是基于一套常规的标准，比如投资者的年龄和财务状况等来进行阐述的。遗憾的是自上而下的规划没法简单转化成可执行的任务，总是高高在上，也没有考虑执行中的实际困难，所以需要一个自下而上的方法来作为补充。为了有效地制订一份资产配置计划，投资者需要同时从自上而下和自下而上两个方向不断进行调整，直到形成符合个人的风险偏好和预期收益的可执行的完整计划。

资产组合可能显示出惊人的能量，所以早日拥有资产配置计划会让自己享有使个人财富增长的绝佳机会。这个计划不会保证你赚更多的钱，但至少你会积极地朝着自己理想的状态努力；而不制订计划则意味着将一切都交给运气和对好结果的盲目期待，记得要不断回顾自己的计划以确保它始终符合自己的需要。

不用再等，你现在就着手制订一份简单的资产配置计划吧！